20代経営者が書いた 20代の部下をもったとき読む本

小串かおり 著

セルバ出版

はじめに

私は、3年ほど前に起業し、現在自社の経営と並行し、数社の経営コンサルタントも務めています。これまで20代を中心に、18歳〜30代前半の方々のマネジメントを行う中で、想像をはるかに超える人の成長を目の当たりにしてきました。

常に自信がなく、周りの同期と自分自身を比べては、「私なんてまだ…」とおっかなびっくり仕事に取り組んでいた子が、入社から1年後にはチームを引っ張っていくリーダーに昇格しました。入社した当時は小学生レベルの国語力しかなく、「は」と「が」の違いや、「に」と「を」の使い分けなど、日本語の勉強からスタートした子が、その2年後には何と独立、会社を経営する社長になりました。

「この子、大丈夫だろうか?」と不安要素MAXだった子が飛躍的に伸びだり、逆に、「この人は仕事ができそうだな!」と最初は好印象だった人が、実際に仕事を始めてみたら、謙虚さがなく、自己中心的で、周りから距離を置かれてしまったりと、第一印象や見た目からは思い描けなかったスタッフの成長を身近に感じながら、本当にいろいろなタイプの人たちを育成してきました。

仕事を任されていく中で徐々に自信をつけていくパターンもあれば、仕事を始める前から根拠のない自信を持っているケースもあります。謙虚さが行き過ぎて自虐的に見えてしまう人もいれば、少し上手くいくだけですぐに上から目線になってしまう人もいます。

こんな人はよく伸びる、こんな人は伸びない等、一目見てわかるものではなく、接する中で見えてくるその人の価値観や、性格や、心の奥に秘めているトラウマや、そんなものを受け止め、理解した後に、はじめてその人に寄り添ったマネジメントをしていきます。

私は、人が成長していかない原因の8割は、育てる側のマネジメント如何にあると思っています。

年間数百人と面談し、マネジメントをする中で、私自身数々の失敗をしてきました。

信頼していた右腕に裏切られたこともありますし、一生懸命に教えていた人が実は裏でめちゃくちゃ私の悪口を言っていたとか、よかれと思ってやっていたことに対して「うざい」と真っ向から否定されたりもしました。

「小串さんとは仕事をしていきたくない」と直接言われたこともありますし、会社を辞めていった人から「あんな人の会社は辞めたほうがいいよ」と、その当時私と一緒に仕事をしているスタッフにわざわざ連絡がきたこともありました。正直、これはかなりしんどかったです。ここまで否定されないといけないものなのかと落ち込むより先に、怒りが芽生えたときも何度かありました。

それでも、どんな状況であっても、自分のマネジメントが悪かったんだと都度反省し、同じ失敗を繰り返さないよう、すべてを糧に変えるつもりで、「人材育成」というものを勉強してきました。

本書では、そんな私の失敗談をもとに、エッセンスを抽出してお伝えしていきます。

各項目では、私が失敗してしまったマネジメント方法、なぜどうしてダメだったのかの原因と解決策、そして実際にマネジメントを変えた後にスタッフがどう変化していったのかを記してあります。

私自身もまだまだ勉強中の身ではありますが、縁あって本書を手に取ってくださったあなたの力になれたら嬉しく思います。

２０２０年６月

株式会社あかツキ代表　小串　かおり

20代経営者が書いた20代の部下をもったとき読む本　目次

第2章 自分のあり方を見直す

第3章 部下と接するときのポイント

第4章 部下の立場になって考える

第5章　部下のモチベーションを上げる方法

第6章　マネジメント応用編

第1章　明日から使えるマネジメント

1　第一印象だけで判断しない

色眼鏡で他人を見ている

私は、初見で、よく「おっとりしてそう」「静かそう」「ふわっとしている」といった印象を相手にもたれることがとても多いです。自他ともに認める童顔にいつも薄化粧なので、28歳になった今でも、海外へ行けば、お酒を注文する度に年齢確認をされますし、日本ですらよく大学生に間違えられます。

しかし、残念ながら、私は、その第一印象とは真逆の性格で、思ったことはオブラートに包まずズバズバ言ってしまいますし、自分の価値観や考え方に反したものを半ば強要されそうになると、しっかりきっぱりお断りをします。「いや、それあなたの考えですよね？　私に押しつけないでもらえます？」なんて、躊躇なく真顔で言ってしまうから毎度驚かれてしまいます。「あれ、こんな子なの？」とガッカリされたりもします。

第一印象だけで勝手にわたしの性格を決め、勝手に幻滅をして、挙句の果てには、「何かあの子怖いわ」と悪口っぽいことまで言われたりもします。

きっとこの子はこんな性格だろう、こんな価値観を持っているんだろう、と考えるのは自由なのですが、その第一印象だけでわかった気になり、決めつけないでほしいなと思うきょうこの頃です。

以前、私の会社へ面接に来てくれた20代半ばの女性（以下、Aさん）は、背筋の伸びたきれいな姿勢で、私の質問にハキハキと答えてくれます。元キャバ嬢というだけあって、お化粧も服装もネイルもとても華やかで、10センチ以上のヒールをカツカツ履きこなす後ろ姿に、「カッコイイ！」と思ったのを強く覚えています。

私は、彼女から「サバサバしていて気が強そう」「プライドが高そう」「自分を持っていそう」という第一印象を受けました。女性としての美意識の高さと、人当たりのよさに感心し、私は彼女を採用しました。

しかし、いざ一緒に仕事を始めてみると、Ａさんは何をするにも不安そうで、新しい仕事を任せたときには、必ず２度以上確認をしてから実行するほど、とても心配性だったのです。３年ほど同じ職場で働きましたが、その間に「自信がないんです」と何度も相談されました。Ａさんの決まり文句は、「でも私なんて、まだ…」です。

第一印象とはかけ離れた性格にはじめこそ驚きましたが、Ａさんのおかげで、人を色眼鏡で見ている自分をハッキリ自覚することができました。

色眼鏡というのは、相手のことを第一印象や、自分の根底にある先入観や偏見を通して決めてしまうことを指します。

見たそのままが必ずしも事実ではない

私の両親は、今でも２人でデートに行くほど仲よしですし、私も妹たちも小さい頃から両親の愛情をたっぷりと受けて育ちました。

しかし、世の中には、親から愛情を受けられなかった子たちもいます。褒められることも叱られることもなく、食事代だけ渡されて、親は夜の街に繰り出してしまうという子や、施設に入れられて、親と過ごした記憶がないという子、父親から暴力を受け、怯えながら過ごしていたという子の話を聞いたことがあります。

「家に帰ると部屋はぐちゃぐちゃ。お酒に溺れた父親の機嫌が悪ければ殴られ、男遊びに家のお金を使う母親はそれを見て見ぬふりする。温かい食事や寝床はもちろん、幼少期から両親の愛情をまったく受けていない」。

派手な髪色に染めていたり、ギラギラのネイルをしていたり、タトゥーを入れている若者がいると、その見た目だけで「アウトローなやつだ」と冷ややかな目を向けることがあるかと思います。しかし、その若者が、もし前述のような過酷な家庭に育ち、小さな頃から親に自尊心を傷つけられ続けていたとしたら。自分という人間を承認してほしい、ここにいていいんだという安心がほしいという強い欲求から、見た目を派手にして注目を集めようとしているのだとしたら。それでもまだ「アウトローだ」「面倒くさいやつだ」と嫌悪感を抱くでしょうか。

日常生活の中で起こるほとんどすべての出来事を、自分フィルターを通して、見て、判断していることを、まず自覚することが大切です。起こった出来事の本質ではなく、見たそのままを自分の先入観をもって判断しているのです。自分が常識だと思っていることが、時と場合によっては「偏見」にすらなるのです。

・人当たりがよさそう
・我が強そう
・自信がありそう
・やる気がなさそう
・つまらなそう

など、視覚的な情報から、無意識的に「どんくさそうで仕事ができなさそうだな」とランクづけをしたり、「きっとこの仕事は向いてないだろうな」と勝手に決めつけてしまっていることが多々あります。

こんな例があります。

私が会社を起業して2年目の春頃、鬱になって1年間ひきこもりをしていたという20代の女性が面接にきました。自分と同い年だった彼女を放っておけず、私は彼女を採用することにしました。

入社したばかりの彼女は、人の目を見て話すことすらできず、笑おうとしても顔が引きつってしまい、とにかく暗い印象で、時間どおりに出社することで精一杯といった状況でした。

一部スタッフからは、「どうしてあの子を採用したんだ？　声も小さくて聞き取りづらいし、目を見て話さないから印象も悪い。どの部署に配属されても、まともに仕事なんてできそうにないよ」とクレームが何度か入りました。

しかし、その2か月後、彼女は稼働の1時間前には出社するようになり、目を見て挨拶ができるようになり、仕事が楽しいと笑うようになっていました。

私が、もし「鬱なら仕方ない、きっとこの暗い感じは治らないだろうし、一生懸命指導しても変わらないだろうな」と、彼女の面接当時の現状だけを見て判断し、育成すること自体を放棄していたとしたら、彼女はおそらく今でも家にひきこもっていたでしょう。

第一印象だけで決めない

成長意欲がなさそうで、目標が未達であっても、「だから何ですか？」と言わんばかりの態度だったスタッフが、何度も根気強く指導を続けた結果、3か月目には営業部のトップ争いに加わっていました。

逆に、礼儀正しく清潔感もあって好印象だった男性スタッフが、実は嘘をつく癖があり、数字をごまかしていたことが後日判明し、契約を解除させてもらったこともあります。

第一印象は大事ですが、第一印象だけで決めつけるのは得策ではありません。育成する側が、「この人は伸びないかもな」「成長しなさそうだな」と思ってしまったら、マネジメントも手を抜くようになりますし、それでは伸びるはずだった子も伸びなくなってしまいます。

第一印象や見た目などの視覚的情報だけで無意識的に決めつけている可能性があることをまず自覚し、1人ひとりの本質的な部分と向き合うことが、人材育成を始める第1歩です。

2　誰かと比較しない

〝平均的〟であることが評価される日本

「初耳学」という林修さんが司会をしている番組で、高学歴ニートたちに対して授業をする「熱血課外授業」というコーナーがあります。２０２０年1月に放送されたこのコーナーで、乙武洋匡さんが特別講師として出演していました。その中の、乙武さんが杉並区の小学校で担任を持っていたときのエピソードで、「ジグソーパズルのようなクラスにしたい」と語っていたのがとても印象的でした。

ジグソーパズルのピースは、1つひとつがいびつな形をしています。しかし、だからこそ意味があるのだと乙武さんは述べています。いびつなピースを繋ぎ合わせていくと、最後には1枚の綺麗な絵や写真になるように、生徒たちがそれぞれの個性を活かし、得意なところは頑張って、苦手なところは得意な人に助けてもらいながら、そうやって周りの人とうまく繋ぎ合わさって、全体的にイイ感じになったね！　となるような、そんなクラスにしたいと。

しかし、今の日本は、その1つひとつのピースがいびつな形をしていると指摘され、綺麗な形をしていないとダメだと言われてしまう、そんな社会だからしんどいよね、と訴えかけるように話していました。

この乙武さんの話に共感された方は多いのではないでしょうか。

誰もが個性的で、様々な形をしており、それらを比較すること自体にあまり意味がないのでは、と私も感じています。

誰しも得意分野があり、苦手分野があります。その得意なところを伸ばしていきながら、苦手なところは誰かに補ってもらいながら、そんな風にお互い切磋琢磨しながら、成長していけるような社会が当たり前になったらよいなと願っているのですが、今の日本社会では、画一的な人間が求められているため、私を含め、多くの人がなかなか〝普通〟という枠から抜け出せられていないのです。

私たちは、幼い頃から人と比べられ続け、いつも〝平均的〟であることを求められています。「○○ちゃんはできるのに、どうしてあなたはできないの?」「お兄ちゃんは○歳でこれができたのよ」などと物心がつく前から近所の子と比べられ、クラスの子と比べられ、兄弟姉妹と比べられます。

そして、少しでも世間の〝普通〟より劣っていると、親や教師から叱られ、場合によってはその劣っている部分を〝普通〟レベルにまでもっていくよう特訓させられたりします。得意分野、その子の強みや優れているところをより伸ばしていくことよりも、劣っている部分をなくすことのほうが、日本の社会で生きていくためには大切なことのように感じます。

成長スピードは人によって違う

同じような年齢で、同じような学歴があったとしても、理解力の高さや頭の回転の速さなどは人によって違うので、たとえ全く同じＯＪＴを受けていても、同じ研修を受けていても、何をどのくらいどのように理解したかは人によって違いますし、習得するまでにかかる時間も異なります。

「理解するのが遅い、行動に移すのが遅い＝やる気がない、努力が足りない」では、必ずしもないのです。1を教えて10を理解する人もいれば、1を教えて1しか理解しない人もいますし、理解した内容をすぐ行動に落とし込むことができる人もいれば、体現するのに時間のかかる人もいます。

私は、数学がものすごく苦手です。高校3年生のとき、テスト前になると、数学の得意な友人にお願いをして、よく放課後に教室へ居残ってマンツーマンで教えてもらっていました。公式を覚えることはできますし、簡単な問題なら解けるのですが、少し応用されただけで、訳がわからなくなってしまうのです。どこから出てきたのかわからない数字が計算式に急に出現したりするものですから、その友人もよく呆れていました。

私は、苦手だと思い込んでいたからよりできなかったのかもしれませんが、できるようになった試しもなければ、できるようになりたいとも特段思っていなかったので、私が数学で高得点を取ったことは1度もありません。

今でも桁数が多い場合には「いち、じゅう、ひゃく、せん…」と1つずつカウントしていかないとカウントできません。2桁になってしまったら、足し算も引き算も手を使わないとできません。

しかし、世の中には数学の得意な人がたくさんいます。私と同じ先生の同じ授業を聞いて、センター試験の過去問をすらすら解いてしまう同級生もいました。授業を聞かなくても、教科書を見れば自分で理解できるという強者もいました。

たくさんの労力と時間を割けば、私もきっと数学ができるようになるのでしょうが、それでも得意な人と比べると習得するまでに相当な時間がかかるでしょうし、どれだけ頑張っても得意な人には勝てる気がしません。

2年前の冬、弊社に入社した20代後半の男性（以下、Bさん）は、ものすごく不器用な人でした。Bさんが配属されたのは、弊社のコールセンター部門。お客様に電話で商品やサービスを営業し、アポイント取ることが仕事です。

トークスクリプトが手元にある状態だったのですが、かなり緊張していたようで、初めて電話をした先のお客様とは、まともに会話ができないまま終話しました。

Bさんは、「お世話になっております」すら緊張して噛んでしまうため、私はBさんに「お世話になっております」を1日10回、毎日稼働前に練習させていました。後にも先にも「お世話になっております」が言えないスタッフは見たことがありません。

さて、Bさんはやる気がなかったのでしょうか？　仕事が面倒くさくて、ただ手を抜いていただけでしょうか？

いえ、そうではありません。Bさんは、コールセンター部門のスタッフ全員が認めるほど頑張り屋さんでした。「自分は不器用だから、人と同じレベルでできるようになるためには、人より努力しないといけないんです」と彼はよく言っていました。そのため、毎日1日10回の「お世話になっております」の練習を1度もサボることなく、始業前に必ず私のところへ来て、練習をしてから自分の席に戻って稼働していました。

Bさんは、同期と比べると成長も遅く、一人前になるまでに平均の倍以上の時間がかかりましたが、1年で見事昇格。入社2年目には、新人育成を担当するほど成長していました。

根気よく付き合ってあげるべき人がいます。

もしも私が「同期の◯◯君はもうこのくらいできてるよ」「何でBさんはこれもまだできないの？」なんていうように、Bさんにプレッシャーを与えていたとしたら、Bさんはうちの会社を辞めていたかもしれません。

「同期　比較」とヤフーで検索してみると、関連検索ワードに「同期　比較　つらい」と出てくるほど、同期と比べられて悩んでいる人たちがたくさんいます。比べられて辛いといった相談内容の中には、仕事を辞めようか、転職しようかといったものまであります。

最後にできるようになればいい

私が初めて営業を経験させていただいた会社で、なかなか上手くいかなかった時期に、その当時上司だった方から、「早くできることがすごいんじゃない。早くできるようになる人がえらいんじゃない。最後にできるようになっていればそれでいいんだ」と言われた言葉を、人材育成をする側になってから何度も思い出すようにしています。

早く習得する、早く成長することよりも、確実に習得し、実力として身につけ、これから先の長い人生に活かしてもらうことのほうがよっぽど大切です。

誰かと比較せず、1人ひとりの強み、弱み、優れているところ、劣っているところ、得意なこと、苦手なことをしっかりと把握し、1人ひとりのペースに合ったマネジメントをすることを日々心がけてください。

3　怒らない

「怒る」は時代遅れのマネジメント

2020年1月、第96回箱根駅伝において、青山学院大学陸上競技部が2年ぶり5度目の総合優勝を勝ち取りました。昨年こそ東海大学に敗れ5連覇を逃したものの、王座に返り咲き、原監督の「やっぱり大作戦」は見事に具現化されました。

数年前までは予選会さえ通過できない弱小校をここまで強く変えたのが、原監督です。大学時代は、陸上部ではあったものの、箱根駅伝を経験したことのない原監督が、どのように弱小チームを勝ち続ける集団へと育ててきたのか、その指導法のポイントの1つが「怒らない」ことだと語っています。

また、根性論だけでは今の学生はついてこない、とも語っています。

あるインタビューで、「1年間で1度も生徒たちを怒ったことがない」と笑いながら答えており、そのときの原監督の表情はとても印象的で、根性論だけでは人を育成することはできないということをまさに証明しているかのようでした。

仕事においても同じような傾向にあるのではないか、と私は考えています。

「若い頃は徹夜が当たり前だった」「昔はよく会社に寝泊まりしていた」なんていう話を以前勤めていた会社の上司や先輩からよく自慢話のように聞かされましたし、数年前までは、残業や休日出勤といった言葉をよく耳にしていましたが、２０１９年4月より、働き方改革関連法案の一部が施行されてから、大手企業をはじめ中小企業でも、長時間労働を禁止するなど、社会全体で動きが変わってきています。

「仕事でミスをしたら怒られて当然だろう」と言わんばかりに横柄な態度で部下を怒鳴り続ける上司を見たことがあります。「お前はアホか？」「脳みそ入ってるか？」と人格を否定するような言葉を浴びせ、部下を泣かせている上司もいました。

こういった育成方法は、ひと昔前であれば通用したのかもしれませんが、現代ではこれらを「パワハラ」と呼びます。

時代が変わり、社会が変わり、それに合わせて人生育成の方法も変わってきています。自分自身が新人時代に上司からされてきた育成方法を、そのまま今の自分の部下に対して行っても効果的ではありません。場合によっては、パワハラだと訴えられ、自分自身の立場が危ぶまれてしまうこともあるでしょう。

強制することはできない

「馬を水辺に連れていくことはできても、水を飲ませることはできない」ということわざがあります。これはイギリスのことわざで、英語表記では「You can take a hourse to water, but you can't make him drink.」と書きます。

馬に水を飲ませようと水辺へ連れて行っても、水を飲むところまでは強制できません。馬は喉が渇いていれば勝手に水を飲み、そうでなければ飲みません。ここで「せっかく水辺まで連れてきてやったのに、どうして水を飲まないんだ！」と怒ったところで、状況は変わらないのです。

人間も同じです。子どもに「勉強しなさい」と教材を買い与えても、本人に勉強する気がなければ全く効果がありません。勉強机に座らせるところまでは強制できても、そもそもやる気がなければ頭に入りません。「なぜ一生懸命勉強しないんだ！　せっかく教材まで準備したのに！」と怒ったところで、状況はよくなるどころか、子どもとの関係性は悪くなってしまいます。

部下も同じです。どれだけよい勉強会を実施しても、仕事に集中できるようよい職場環境を準備しても、そもそも本人に頑張る気がなければ、これらは全く効果がありません。「なぜもっとハードワークしないんだ！」と怒ったところで、部下の気持ちは変わりません。

私は、部下が思いどおりに行動をしてくれないとき、毎度かなりイライラしていました。「自分の仕事の時間を一部削ってまでこんなに親身になって教えているのに、どうしてできないんだ」「どうして同じミスばかりするんだ」「どうしてもっと一生懸命やらないんだ」「どうして手を煩わせるんだ」と。そんな気持ちを抑えられず、感情のままに怒っていた時期がありました。

でも、これは全くの逆効果でした。部下との関係は日に日に悪化していき、「小串さんと仕事をしたくありません」と、私を理由に退職してしまった部下も中にはいました。

本来であれば、まず先に、「頑張りたい」「もっと成長したい」「どんどん昇格していきたい」と、部下のやる気を引き出すべきであったのに、私がやっていたことは、喉の渇いていない馬の首を掴み、無理やり水辺に顔を近づけ、「なぜ水を飲まなんだ！」と怒鳴りつけているようなものだったです。これでは関係性が悪化し、反発されても無理はありません。

感情のまま怒らない

私が人材育成を始めてまだ1年も経っていない頃、もともと銀座でモデル活動をしていたという超絶スタイルがよくて可愛らしい女の子が入社しました。彼女は、とても真面目で前向きな子だったのですが、如何せんミスがとても多かったのです。

多いときには1日4～5回何かしらの問題を起こし、おまけに毎回同じようなミスを繰り返すため、私は毎日のように怒っていました。

「このミス、前もしたよね？　何で同じミスが起きるの？　対策は何してるの？　ちゃんと確認してる?」等々、冷静に彼女の現状を確認するより前に、自分の感情が前に出てきてしまっていました。

しかし、怒れば怒るほど彼女は委縮していき、ミスすることを恐れ、自発的な行動を控えるようになり、指示がないと動けなくなってしまったのです。

私の行動は、彼女をミスのない仕事のできる人間に育成しているつもりで、ただ彼女から自信を奪っていただけだったと最近は当時のことをひどく後悔をしています。

彼女は、ミスをしたくてしていたわけではないはずなのに、彼女のキャパシティーを考えず、自分の視点からのみ物事を判断し、自分の感情を優先し、指導していたのです。私の指導していた内容自体は間違っていなかったのですが、マネジメント方法は完全に間違いでした。

感情に任せて「怒る」ことは簡単ですし、声を荒げれば部下は動くかもしれません。しかし、それでは、自立した部下を育てることはできません。指示さえあればそのとおりには動いても、自発性のある行動を起こす部下には育たないでしょう。最悪の場合、上司がいれば顔色を伺いながらゴマをすり、上司がいなければ仕事をサボるようになってしまいます。

4　叱る

怒らず叱る

「怒る」と「叱る」の違いについては、ご存知の方も多いかと思いますが、八つ当たりのように自分の感情をぶつけるのが「怒る」です。部下が指示どおりに動いてくれない、思ったように成長してくれない等、自分がイメージする理想の部下とのギャップがあると、そこに腹を立て、感情的になり、ただ自分のイライラを相手にぶつけることが「怒る」です。

私は、起業する2年ほど前、某大手企業のコールセンターでアルバイトをしていたのですが、その当時上司だった30代後半の男性（以下、Cさん）は、とても感情的な人でした。午前中に1件も受注が取れないとCさんの席まで呼び出されます。そして、ひたすら攻めまくられるのです。

「何で取れてないの？　他の皆は数字上がってるけど？　あなただけ難しいリスト架けてたっけ？　違うよね。皆と同じリストだよね。同じスクリプト読んでるよね。じゃあ何でかな？　やる気がないのかな？　辞めたいのかな？　どうなのかな？」と質問攻めをされ、答える間は与えられません。

アルバイトの子は、「すみません」とひたすら謝罪するのみです。言い訳をしようものなら、グーパンチが飛んできそうなほど恐ろしい剣幕なのです。逆に、何も言わず黙っていると、「口が利けないのか！　じゃあしょうがないな！　今すぐ帰れ！」と帰宅させられたりもします。もうどうしたらよいのか、何が正解なのか、誰もわかりません。

Cさんは、いつもオフィス全体へ響くほど大声で怒鳴るため、遠くにいても嫌でも会話が耳に入ってきます。私は、奇跡的に1度も呼び出されたことはありませんでしたが、いつもビクビクしながら架電をしていました。受注が取れなかったらどうしよう、ミスをしたらどうしよう、終業時に皆より獲得数が少なかったらどうしよう、という恐怖と毎日闘いながら仕事をしていたことをよく覚えています。

しかし、これでは人は育ちません。〝上司に怒られないため〟に頑張ることはできても、自分で考え行動するような自発性のある人間には育ちません。

「叱る」は、これとは全く別物で、部下を正しい方向へ導くための注意やアドバイスすることを指します。

道を正す

私は、名古屋にある外国語専門学校に通っていたのですが、「就職をしたくない」という何ともわがままな理由を押し通し、卒業後にアルバイトで貯めたお金を使ってカナダのトロントへ渡航しました。

ワーキングホリデービザを取得し、トロントにある日本食レストランで週4日ほど働きながら、週3日は稼いだお金でカナダ内を旅行したり、居酒屋で朝まで飲み続けたり、友人の家で好きなものを好きなだけ心行くまで飲み食べし、夜遅くまでどんちゃん騒ぎをしたりと、1年ほど文字通り遊び惚けていました。

そして、ビザが切れてしぶしぶ帰国したあとは、「疲れたから」という訳のわからない理由で2か月ほどニートをした後、「そろそろ働いたら?」と母親から背中を押され、重い腰を上げて社会に出たのです。

当時の私は、24歳にして、世の中的には当たり前の常識も社会人として必要なマナーも何ひとつ身についてはおらず、知らないことすら知らない状態で、社会へ飛び出したのです。

そんな私が、初めて社会へ出て、いろいろと揉みくちゃにされている頃から、起業し経営者になった今でも、定期的にお会いさせていただいている経営者の方（以下、Dさん）がいます。常識に欠けていた私が、ひとりの社会人としてここまで正しく成長できたのは、間違った方向へ進まないよう出会った当時からDさんが厳しく叱ってくださったからなのです。

新人だからと笑って許してくれたことは1度もなく、ダメなものはダメだとその場で厳しく叱られましたし、個室へ呼び出され諭されるように叱られたこともあれば、息をするのも苦しいほど重い空気の中、理詰めされたこともあります。

叱られたその瞬間は、「何でこんなことを言われないといけないんだろう」とムカッとしたり、「そんなに厳しく言わなくても…」と悲しくなったりしたこともあるのですが、言いたくないこと、言いづらいことも教えてくれた人がいたから、今の自分はあるのだと思っています。

もし、私が誰にも叱られずに年を重ねていたとしたら、おそらく今でも敬語すらまともに使えていないでしょう。会食の場では、上座下座も知らずに自分の好きなところへ座り、乾杯するときにはグラスを高々と掲げ、上司のグラスが空いていることなんて気づかず好きなものを飲み、さっさと酔っぱらう、なんていう非常識な言動が横行していたことでしょう。

叱られなければ平々凡々な毎日だったかもしれませんが、自分の知らないところで自分の価値を下げていたことは間違いありません。

部下が何かしらの間違いを犯したとき、育成する側の人間はしっかりと叱らなければなりません。嫌われ者になってでも、部下がその後に恥をかかぬよう、正しい道へ導いていく義務があります。パワハラと言われることを恐れ、叱らずに、ただ優しく諭すだけでは、そのときその瞬間は何事もなく解決できたとしても、部下のためにはならないのです。

正しく叱る

「叱る」にはいくつかポイントがあります。

あくまでも私が実践してきた中で見つけたポイントですが、これらをしっかりと押さえていれば、よほどのことがない限り、パワハラと言われたり、思われたりすることはないでしょう。実際に私は、自分の部下にそう言われたことはありません（思っていた人はひとりくらいいたかもしれませんが！　笑）。

①　すぐに叱る

物事が起きたらすぐ、気づいたときにすぐ、叱ること。

「あの件のことだけど」「先週のこの話だけど」「この前もそうだったけど」と、後々伝えるのはよくありません。時間が経てば経つほど伝える側は伝えるタイミングが難しくなっていきますし、本人が詳しくそのときの状況を覚えていないこともあります。

また、ミスや失態などの苦い出来事は、あまり思い返したくはないでしょう。私は、伝えるタイミングを逃し続け、かなり時間が経ってから指導したことがあるのですが、「え、何で今またその話を掘り返されないといけないの　今さら？」と部下に嫌悪感を抱かれてしまったことが何度かあります。

②　ハッキリ伝える

ダメなものはダメだとはっきり伝えること。

伝えづらいことや言いたくないこともあるとは思いますが、遠回しに伝えたり、大事な部分を濁したりすると、変に伝わってしまうことがあります。誤解を生んでしまったり、本質とはズレたことが伝わっていたり、部下が間違った解釈をしてしまうことがあるので、ストレートに伝えることをおすすめします。

③　短く簡潔に叱る

口うるさい姑のようにダラダラ叱るのはよくありません。話が長くなればなるほど、部下には「面倒くさい上司だな、早く終わらないかな」と思われてしまいます。ＫＩＳＳ（Ｋｅｅｐ　ｉｔ　Ｓｈｏｒｔ　ａｎｄ　Ｓｉｍｐｌｅ）を心がけましょう。

④　理由を伝える

どうしてダメなのかの理由をきちんと伝えること。

叱るだけ叱って終わりではいけません。なぜダメだったのか？　という本質を部下が理解していないと、別の場面でまた同じようなミスが発生します。

どうして、なぜ、今回叱られているのかを部下にしっかりと伝え、それらを理解させるまでが「叱る」です。

⑤　個別に叱る。

他のメンバーがいる前で恥をかかせる必要はないため、個室など1対1の状況をつくってから叱りましょう。

自身の権力を見せつけるかのように、オフィスのスタッフ全員が見えるところで叱ったり、指導したりしている人がいますが、これは逆効果です。

5　男性脳と女性脳の違い【男性は論理的に】

男性と女性は脳の構造が違う

メンタリストＤａｉＧｏさんは、右手の薬指のほうが人差し指よりも長い人は「男性脳」で、人差し指のほうが薬指よりも長い人は「女性脳」だと、指の長さで相手の脳タイプを判別しているのだそうです。

アメリカの心理カウンセラー、ジョングレイが執筆した「Ｍｅｎ　ａｒｅ　ｆｒｏｍ　Ｍａｒ

s，Women are from Venus（男は火星から、女は金星からやってきた）」は、90年代に世界的ベストセラーとなり、多くの人々の共感を集めました。２０１３年には新装版も発売されています。

少し前に日本で話題となった、ディスカヴァー・トゥエンティワン社出版の「察しない男　説明しない女　男に通じる話し方　女に伝わる話し方」や、世界42か国でベストセラーとなった「地図が読めない女、話を聞かない男」など、男性脳と女性脳の違いについては、日本だけでなく世界中で多くの科学者が研究し、論文を発表しています。恋愛本も多数出版されており、共感と反響を呼んでいます。

つまり、多くの人々が、男性と女性は〝違う〟ということを認識しているのです。

にもかかわらず、人材育成をしていく過程で、男性女性関係なく、教え方やアドバイスの内容、接し方を変えないというのは、得策ではないと私は感じたのです。

というのも、実際に私が何百人と育成していく中で、男性の場合は、しっかりと筋道を立てて説明をしてあげれば理解し納得してくれることが多いのですが、全く同じ説明をしても、女性スタッフはなかなか理解してくれなかったり、納得できないといった表情をされてしまったり、それどころか反感を買ってしまった、なんていう出来事が多発した時期があったのです。

例えば、女性スタッフがミスをしたときに、きちんとミスの内容を説明し、なぜそれがよくなかったのかを伝え、どうすべきだったのかという改善策まで丁寧に解説したにもかかわらず、「小串さんはわかってくれない」と言われたりするのです。

わかっているわかっていないの話ではなく、事実は1つしかないのに、何がどうわかっていないのか結局よくわからないまま…なんてこともありました。

マネジメントを行っていく上で、脳科学や脳の違いについて詳しく勉強をしたり、本や論文を読んだりする必要はないと思いますが、男性脳・女性脳それぞれの特徴と伝わりやすい話し方を知っておくことは、これから人材育成をしていく上で役に立つと思います。

男性脳の育成ポイント

では、具体的に男性脳の人にはどう接し、どのような伝え方がベストなのでしょうか。

① 褒める

女性であっても男性であっても、褒められたら嬉しい気持ちになることは当然変わらないのですが、男性は女性よりも褒められ認められることによって、より力を発揮する人が多いように感じます。

仕事に対する姿勢やその部下の優れているところや強みなどを見つけ、本人にどんどん伝えていくようにしましょう。伝え過ぎかなと思うくらいでちょうどよかったりします。褒め方が若干雑でも喜びます（笑）。

② 会話の「目的」を先にしっかりと聞く

ただ話を聞いてほしいだけのときがある女性と違い、男性は会話に「目的」のあることが多く、そこには要点があったり、伝えたい内容やほしいアドバイスが明確にあります。

そのため、部下から話がしたいと声をかけてきた場合は、会話の「目的」を先にしっかりと聞いてから本題に入ると話がスムーズになります。

報告なのか、連絡事項の伝達なのか、相談なのか、アドバイスがほしいのか、話を聞いてほしいだけなのか、この会話に何を求めているのかを把握した状態で部下の話を聞きましょう。

③　自分の感情を入れない

自分から部下に何かを伝える場合は、筋道を立てて、論理的に説明するようにし、決して感情的になったり、会話の中に自分の感情を混ぜ込まないように注意しましょう。

④　ストレートに伝える

伝えたい内容をストレートに伝えましょう。男性脳の人は、何かを察するということが苦手です。遠回しな言い方や伝え方は避けましょう。

私は、久しぶりに高校時代の友人の家へ遊びに行き、コーヒーを飲みながらゆったりした時間を過ごしていました。

結婚を控えていた私は、結婚生活の先輩として彼女に何かアドバイスはあるかと聞くと、彼女は「男は言わないとわからないから、察してくれることを期待しちゃダメだよ」と言いました。

彼女は、看護師として働いており、仕事が忙しく帰りが遅くなってしまったある日、旦那に「きょうは仕事が忙しくて帰りが遅くなる」とLINEを入れたのだそうです。そして、「仕事が忙しいと伝えたし、疲れて帰ってくるのもわかってるだろうから、たまった洗濯物を畳んでおいてくれるかな、掃除をしておいてくれるかな」と淡い期待をして帰宅したそうです。しかし、帰宅後、旦那はリビングでテレビを見ながらくつろいでいて、何も家事をしておらず、そのことに対してかなり腹が立ったそうです。

旦那は、悪気があったわけではなく、「言ってくれたらやっておいたのに」という反応だったそうで、それ以来、必ず「○○してほしい」とやっておいてほしいことをハッキリ伝えるようになったそうです。

男性脳の人は、察することが苦手です。ストレートに伝えましょう。

6　男性脳と女性脳の違い【女性は感情的に】

話を聞いてほしい

女性脳の人は、「前帯状皮質《ぜんたいじょうひしつ》」が大きいという特徴が挙げられます。この前帯状皮質は、共感や情動といった認知機能に関わっているとされており、別名、不安中枢とも呼ばれています。つまり、感情の情報量が大きく、不安を感じやすいのです。また、女性が共感を強く求めるのもこのためだと言われています。

女性が何かを話すとき、アドバイスや意見がほしいのではなく、自分の話に共感してほしいだけというケースは非常に多いです。

そのため、話の途中で、「こうしたほうがいいんじゃない？」と助言をしたり、「自分だったらこうするかな」と自分の意見を述べたりしないほうがよく、ただただ「うんうん、それで？」と聞いてあげるだけで十分なのです。

私は、ある日突然、「小串さん、お時間少しいいですか？」と20代前半の女の子（以下、Ｅさん）から仕事中に声をかけられました。

Ｅさんは、私の直属の部下ではなく、部署も違うため、１か月に数回程度しか会わないのですが、直属の上司ではなく私のところへ来た理由が何かあるのだろうと思い、私は話を聞くことにしました。

「どうしたの？」と聞くと、案の定、Ｅさんは、ポロポロと涙を流しながら話始めました。

「私は、今、攻略案件を任されています。とても難しい案件で、新人さんには任せられないので、私がやっています。難しくてなかなか成果が上がらないけど、クライアントさんのために絶対諦めたくなくて、一生懸命やってるんです。でも、上司は、結果しか見てくれなくて、頑張ってないっていう評価をされます。それがすごく悔しいんです。私はこんなにやってるのに。私の考えは間違ってますか？　どうしたらいいんですか？」

私は、Ｅさんが話をしている間、一切口を挟まず、ただただ話を聞いていました。彼女が泣き止み、話すことがなくなって黙ってしまうまで、アドバイスも助言もせずに、ただただ黙って話に耳を傾けました。そして、彼女が胸にしまっていた言葉をすべて吐き出し、気持ちの落ち着いたタイミングでこう言いました。

「Eさんは自分なりに考えてすごく頑張ったんだね。でも、理解してもらえなくて、悔しかったんだね。そっかそっか、それは大変だったね」

するとEさんは、「そうなんです！　でも、話を聞いてもらえてすごくスッキリしました！　ありがとうございました！」そう言って、満面の笑みで持ち場へもどっていきました。

私は、Eさんにアドバイスもしていなければ、解決策についても全く話していません。もちろん、彼女の置かれた環境は何1つ変わっていません。それなのに、その後しばらくして彼女の仕事場へ顔を出してみると、彼女は活き活きと仕事をしていました。

女性脳の人は、ただただ話を聞いて、共感してほしいのです。

「自分はこんなにやってます」という自分の頑張りを知ってほしいだけなのです。

聞くに徹する

先述したように、男性脳の人は会話に「目的」を求める傾向が強いため、部下から仕事の相談をされると、解決策を見つけてあげようとします。そのため、上司が男性脳である場合、どんなアドバイスをしようかと考えながら話を聞いているため、「こうしてみたらどうか？」「こんな解決策もあるよ」等々、話の途中でも口を挟んでしまったり、「で、何が知りたいの？」と会話の目的を明確にしようとします。

しかし、もし部下が女性脳である場合には、そもそもアドバイスなど求めておらず、会話に目的もないため、話の途中で口を挟まれると、「途中で話を遮られた、この人は全然話を聞いてくれない」「私の気持ちをわかってくれない」となってしまいます。

◎相手が何も言わなくなるまでとにかく黙って話を聞く

◎相手の「感情」に共感を示してあげる

相手が話をしている途中で、たとえ言いたいことがあっても、喉のところまで言葉が出かかっていたとしても、どうか我慢してください。話を遮られた時点で、「あ、この人はわかってくれない人だ」と判断されてしまい、心を開いてくれなくなる可能性があります。

そして、相手の話が終わったら、その話の中で出てきた感情の部分（「辛かったんだね」「大変だったんだね」「悔しい気持ちになったんだね」等）に共感をしてあげてください。

これだけで女性脳の人は、あなたを「理解者」として認識し、それまで以上に頼りにしてくれるはずです。あなたの言うことであれば、基本的には何の不信感を抱くことなく、指示どおりに動いてくれるようになりますし、人によっては積極的に仕事に取り組むようになったり、叱られても凹まなくなります。「私のことを理解してくれているあの人が言うんだから、その指示に従ってみよう、頑張ってみよう」となるからです。

女性脳の育成ポイント

女性脳の人から話しかけられたら、まず次の3つのうちのどれに当てはまるのかを見極めましょう。

① ただ話を聞いて共感してほしい
② 直接的には言わないことを察してほしい
③ アドバイスがほしい

アドバイスがほしいのかどうかは、最後の最後まで話を聞いてみないと正直わかりません。話の最後に「小串さんから何かアドバイスありますか?」など、直接意見がほしいとハッキリ述べられたときだけ、アドバイスをするようにしていますが、私のこれまでの経験上、女性脳の人からの〝相談〟の7~8割は①②のどちらかです。

女性脳の人は、ちょっとした行動の変化やポロっとこぼした言葉から、何かを察してほしいと強く願っています。

例えば、女性脳の人がミスや失態を犯してしまった後というのは、ミスの原因やら対策やらの前に一言「最近何かあったの?」と現状を気にかけてほしかったり、「業務が増えて忙しいよね、体調は大丈夫?」と体を労うような言葉がほしかったりするのです。「察して! 大きなミスをするくらい私は疲労困憊しているの! 大変なの!」というのが彼女たちの心の声です。

こういったちょっとした気遣いの後に、改めて、「でも、今は仕事だから大変だと思うけど、しっかり原因と対策を考えようか」と言われれば、素直に頑張れるのですが、いきなり「何であんなミスしたの？　対策は考えたの？」と結論からこられると、残念な気持ちになってしまうのです。

7　承認欲求を刺激する

他人に認められたい

自己啓発の原点と謳われているデール・カーネギーの「人を動かす（ＨＯＷ　ＴＯ　ＷＩＮ　ＦＲＩＥＮＤＳ　ＡＮＤ　ＩＮＦＬＵＥＮＣＥ　ＰＥＯＰＬＥ）」は、１９３６年に初版が発行されてから半世紀以上経った今日でも読み継がれており、世界各国語による訳書を含めると、１５００万部が売り尽くされました。人材育成に携わるすべての人にぜひ読んでいただきたい書の1つです。

この書の中でＤ・カーネギーは、相手に「重要感を持たせる」ことの大切さについて、様々な事例や有名人物の言葉を使って説明しています。

『20世紀の偉大な心理学者ジグムント・フロイトによると、人間のあらゆる行動は、２つの動機から発する――すなわち、性の衝動と、偉くなりたいという願望がこれである』

アメリカの第一流の哲学者であり教育家でもあるジョン・デューイ教授も、同様のことを少し言葉をかえて言い表しています。つまり、人間のもつ最も根強い衝動は、〝重要人物たらんとする欲求〟だというのです。

（Ｄ・カーネギー著　山口博訳「新装版　人を動かす」創元社刊　より引用）

『優れた心理学者ウィリアム・ジェームズは、「人間の持つ性情のうちでとも強いものは、他人に認められることを渇望する気持ちである」という。ここでジェームズが、希望とか要望とか待望とかいう、なまぬるいことばを使わず、あえて「渇望する」といっていることに注意されたい』

（D・カーネギー著　山口博訳「新装版　人を動かす」創元社刊　より引用）

自分を認めてもらいたい、周りからの注目を浴びたい、自分の存在価値を高めたい、自分のことを理解してもらいたいといった承認欲求は、アメリカの心理学者アブラハム・マズロー氏の「欲求5段階説」でも、高次の欲求とされています。

SNSで「いいね！」の数を気にしたり、インスタ映えするようなスポットにわざわざ出向き写真をアップしたりするのも、承認欲求の1つの表れです。「いいね！」の数やコメント数、閲覧数などで、どのくらい承認されているのかが見える化されるようになってから、自分自身の本当にシェアしたい内容よりも、人からの注目が集まりそうな内容をアップする人が増えたように思います。

Youtubeで過激な動画をアップするのも、フォロワー数を増やすためのセミナーが行われ、それ自体がビジネスになっているのも、「SNS疲れ」という言葉が生まれたのも、この承認されたいという欲求を満たすために起こったのではないでしょうか。

ブランド物でステータスを高める

私には、起業した当時から理想の社長像というものがあります。それは、日本で一番「社長っぽくない社長であること」です。

オーダーメイドスーツ、ブランドものの時計、高級ダイヤのアクセサリーなど、いかにも高そうなものは一切身につけず、大学生のような服装に、20代が身につけそうな可愛らしい時計やイヤリング、2，000〜3，000円のバッグで、誰が見ても「大学生かな」と思うようなファッションでいたいのです。

でも、話してみたら、実は社長でした！　なんていうギャップを生んで驚かせたいという小学生のようないたずら心と、「こんな（大学生みたいな）人でも頑張ったら社長になれるんだ」という、少し大袈裟ですが、人に希望を与えるような人でありたいと思っているからです。

しかし、なかなかこの考え方は理解されず、もう少し見た目を気にしたほうがいいのでは？　と周りの先輩社長からはアドバイスをされることが多く、自分の理想を崩すべきなのか、突き通すべきなのか迷っていた時期がありました。

築地にある老舗のお寿司屋さんである経営者の方（以下、Fさん）と食事をしていたときに、私は、この自分の理想と世の中が求める社長としてのあるべき姿にギャップがあり、どうすべきか悩んでいると相談をしました。

Fさんは、10代で起業、20代で知人に会社を譲りセミリタイア、30代で不労所得を得ながら何千万円と稼ぎ続けるカリスマ経営者なのに、いつもTシャツにジーパンというカジュアルな服装で、私の理想に一番近いあこがれの社長さんです。

Fさんは、次のようにアドバイスしてくれました。

「ブランドもののスーツやら高級腕時計やらいかにも高そうなバッグやら財布やら、そういったものは、結局自分を強く見せたい奴が身につけるもので、「俺すげえんだぜ」っていう自己顕示欲の現れなんだよ。高いものを身につけているだけで自分のステータスをアピールできるし、それによって周りから注目されたり、称賛されたり、すげえって思われたりしたいだけ。本当にある決まったブランドが好きって人もいるけど、どちらかというと、自分の承認欲求を満たしたいってだけの人が多いんじゃないかと思うよ。でも、お前に社長っていう肩書きで承認されたいっていう欲がないなら、別に自分の着たい服を着て、身につけたいものを身につけたらいいよ」。

部下を承認する

人は皆、自分を認めてもらいたい、承認されたいという欲求を強くもっています。

しかし、社会人になってすぐの新入社員の頃や、転職したばかりでまだこれからという時期は、この承認欲求が非常に満たされにくいです。親しい人間のいない環境、慣れない仕事、覚えなければいけないたくさんのルールや決まり、精神的にも肉体的にも疲労しやすい状況で、どうしても褒められたり承認されたりすることより、叱られたり注意されたりすることのほうが多くなってしまいます。

最後に自分の部下を褒めたのは、いつでしょうか？

最後に自分の部下を承認したのは、いつでしょうか？

8　部下の変化に気づく

あなたを気にかけていますよのサイン

つい先日、女性スタッフ（以下、Ｉさん）が髪を20センチほど切りました。もともとロングで背中の真ん中まであった髪が、セミロングより少し長いくらいの長さになっていました。女性が20センチも髪を切るというのはなかなか勇気のいることなので、Ｉさんからすると思い切った行動だったと思うのですが、同じ部署の男性スタッフたちはその変化に全く気づかないのです。

いつもどおり何気ない会話でＩさんと盛り上がっているのですが、その話題がなかなか「髪を切った」ことにならないのです。どこまで気づかないのかなとしばらく遠めに見ていたら、もう１人別の女性スタッフが部屋に入ってきて、Ｉさんを見るや「Ｉさん！　めっちゃ髪切りましたね!!」と言うと、男性陣は皆目をまん丸にして驚き、「え!?　髪切ったんですか!?　どこですか!?」と言うので、その反応にまた私は驚きました。

お付合いしている彼女が髪を切ったことに気づかず、「髪切ったのに、何で気づかないの!?」と怒られた経験のある男性陣は多いのではないでしょうか？　化粧を少し変えただけでも、女性側からすると気づいてほしいものです。

確かに、ロングの人が数センチ程度髪を切っただけではさほど変わらないですし、アイシャドウの色を少し変えただけでは、大きく印象が変わるわけではないので、なかなか気づくのは厳しいです。しかし、彼女からすると、彼氏が気づいてくれたその変化が小さければ小さいほど、「こんなに小さな変化にも気づいてくれたということは、きっと普段から私のことをちゃんと見てくれているんだ！」とやっぱり嬉しくなるものなんです。

この「変化に気づく」というのは、先述した「承認欲求を刺激する」ところにも繋がってきます。「私は、あなたのことを気にかけていますよ」というサインになるからです。

〝小さな〟変化に気づく

いつも夜遅く（時には朝方）までＹｏｕｔｕｂｅを見たり、ネットサーフィンをするのが習慣になっていた女性スタッフ（以下、Ｊさん）がいました。入社してすぐの頃は、しょっちゅう朝礼に遅刻しており、仕事にも支障をきたすほどでした。同期がどんどん昇格していく中、Ｊさんはなかなかステップアップもできず、上司がどんなに厳しく注意をしても中毒のように夜更かしをやめることができない、という状況が半年ほど続いていました。

上司も私も、これはもう変わらないんじゃないかと諦めかけていたある日、Ｊさんがいつもより10分だけ早く出勤をしてきたのです。それでも朝礼には間に合っていなかったのですが、私は毎日Ｊさんが大体何分頃オフィスへ着いているのか必ず時間をチェックしていたため、その10分にすぐ気がつき、Ｊさんに声をかけました。

「Jさん、すごいじゃん！　きょうはいつもより10分くらい早かったよね？　電車1本早くしたの？」

するとJさんは、少し驚きながら、「よく気づきましたね。そうなんです。いつもより少し早く起きたんです。いきなり1時間も早く起きるのはどうしてもしんどかったので、毎週10分ずつ起きる時間を早くしていって、6週間後までには今より1時間早く起きて、朝礼にちゃんと出られるようにしようと思っています！」と嬉しそうに話してくれました。

この小さな変化に気づいてもらえたことが相当嬉しかったのか、この1件きっかけに、Jさんは私に心を開いてくれるようになり、部署が変わった今でも、頻繁に私のところへ来て、任されている仕事のことや現状の報告をしてくれたり、プライベートの相談までしてくれるようになりました。

自分のことを気にかけてくれている人に対して、嫌悪感を抱く人はほとんどいません。どんな小さな変化にも気づいて褒めてくれる人に対しては、好意を抱き、自然と心を開いてくれるようになるので、部下とのアイスブレイクのきっかけにもなるでしょう。

髪型やネイルなどわかりやすい変化はもちろんのこと、普段スタッフが使っているペンやノート、リュック、腕時計など小物などもしっかりチェックしておくと、その変化にいち早く気がつけるようになります。

逆に、上司が気づいてくれないことに対して、「自分に興味・関心がないんだ。そうか、どうせたくさんいる部下の1人でしかないんだ」とひねくれてしまい、上司との仲が悪くなってしまった例や、部下の成長意欲がなくなってしまったという話を聞いたことがあります。

こういった変化は、常日頃から意識していないとなかなか気づけません。久しぶりに会った友人が痩せていたらすぐに気がつくことができますが、毎日顔を合わせている人が数キロ痩せてもなかなか気づけないと同じように、毎日会う部下だからこそ、気づきにくい部分はあるかもしれませんが、細かな部分を意識してチェックする努力は怠らないようにしましょう。

9　コミュニケーションの量を増やす

「当たり前基準」は人それぞれ

人事として採用を担当していた頃、多いときには月に40〜50人面接をしていたのですが、そのときに、応募者の方に必ず「今回、どんな風にお仕事を探されたんですか?」と質問をしていました。

とにかく仕事内容を重視していて、「コールセンター」で検索をしていたという人もいれば、勤務地が重要で絶対に最寄り駅から乗換えなしでいけるところがよいという人もいました。インセンティブがあるところ、時給が高いところ、仕事内容や勤務地よりも職場環境や人間関係がよさそうなところ、ネイルや服装が自由なところ、シフトの融通がききそうなところ等々、仕事を選ぶ「基準」は人によって様々です。

現在、私がお世話になっているパーソナルトレーナーさんが、「自分らトレーナーにとって、糖質や脂質の低い野菜やタンパク質の多いささみをメインで摂取することって食事〝制限〟ではないんだよね。それが当たり前の食事だから、我慢とかしてないんだよね。でも、これまで当たり前のようにお菓子やらインスタントやらを毎日食べていた人や、糖質を気にせず好きなものを食べていた人にとっては当たり前じゃないから、食事〝制限〟って言葉になる。同じ食事なのに、その人にとっては我慢しなければいけないものになる。その生活が当たり前になってしまえば、制限ですらなくなるんだけど。だからなんか言葉って難しいなって思ったんだよね」と仰っていて、確かにそうだなと納得させられました。

お菓子を毎日食べるのが当たり前という人もいれば、筋トレマニアで糖質を極力摂らない食事が当たり前という人もいますし、運動しない生活が当たり前という人もいれば、毎日ジムに通って汗を流す生活が当たり前という人もいます。

このように、自分の基準や当たり前が、誰かのそれと違っていることは、日々の生活の中でよくあることです。

ミスコミュニケーションによる事故を減らす

生まれ育った環境や親の教育方法が違えば、使う言葉や考え方も自分と他者とでは違います。この常識や当たり前基準の違いが仕事において時に大きな事故に繋がります。

例えば、新宿で13時に打合せがあるとします。私だったらどうするかというと、12時には新宿駅に着いて、打合せのある場所の近くで時間をつぶします。電車の遅延や運休など何があるかわからないので、打合せの場所から徒歩圏内の場所にいることで、何かあっても必ず時間に間に合うようにします。

新人スタッフの中で、いつも5分前ギリギリに打合せ場所へ来る女の子がいます。なぜいつもそんなにギリギリなのかと聞いたら、「でも、間に合ってますよね？」と言われ、ハッとしました。

約束の時間の10分前に来ることが当たり前だと認識している人もいれば、1分前でも遅刻していなければＯＫだと考えている人もいます。常識は人によって大きく違います。

「会議の少し前には現場に来ていてね」と言われ、その「少し」を5分と考える人もいれば、15分くらい前にはと考えて行動する人もいるでしょう。同じ「少し」でも感覚は人によって違います。「少し」といったら最低でも10分前には来るだろうといった自分の価値観で判断してしまうと、部下の行動に腹が立ってしまったり、伝えた伝えてないの話になってしまうケースもあります。

認識の違いによるミスコミュニケーションをなくすためには、この場合であれば「会議の10分前には」と誰にでもわかるよう、明確に時間を伝えるべきです。

コミュニケーションの量を増やすことで、こういった「このくらいわかっているでしょう」「これは当たり前だから」と、「伝えたつもり」「わかったつもり」で生じることの多い、ミスコミュニケーションによる事故を防ぐことができます。

２０１９年12月、私は年末までに対応しなければならない急ぎの仕事を女性スタッフ（以下、Ｋさん）に、「これ急ぎだから、お願い！」と任せました。しかし、何日経ってもＫさんからは対応したという報告がありません。年末の休みに入ってしまう数日前にしびれを切らして、「あの仕事ってまだ対応してない？　急ぎって伝えたはずだけど、何かあった？」と私から問いただしたところ、「まだです、すみません。今任されている案件が多く、中には期日の迫ったものもたくさんあります。小串さんもこの状況を知っていると思っていたので、急ぎとは言っても、これらの仕事を終えたあとでよいだろうと勝手に思い込んでいました」と申し訳なさそうに言いました。

部下との距離を縮める

部下とのコミュニケーションを増やすことが、こういったミスコミュニケーションを減らしていくことに繋がります。そして、それだけではなく、もう1つメリットがあります。

営業マンが何度も同じ顧客を訪問し、商品の売込みはせず、雑談だけして帰っていくことがあります。これは、１９６８年にアメリカの心理学者ロバート・ザイオンスが発表した「ザイオンス効果」をうまく利用した営業方法の１つです。

ザイオンス効果とは、同じ人や物に接する回数が増えるほど、その対象に対して好印象を持ちやすくなる効果のことで、つまり、営業マンは、何度も訪問することによって、まずは自分に好意を抱いてもらうということを目的にしているのです。

また、テキサス・クリスチャン大学のドナ・デスフォーゲスの研究では、「嫌いな人でも、やりとりをした後には、偏見や差別の心が減る」ことが確認されています。つまり、コミュニケーションの量を増やすことで、部下との距離も比例して縮まっていくのです。

始業から終業までの間、目の前の仕事を捌いていくことに集中し、部下とはほとんど話をしない、もしくは話したとしても業務連絡程度で会話というう会話をしていないということはないでしょうか？　日々の仕事に追われていることが多いと、どうしても部下とのコミュニケーションが不足してしまいがちです。

私は、部下とコミュニケーションを取る時間というのを、自分のスケジュールに組み込んでいます。

例えば、私は、毎日、ランチを必ず部下の誰かと取るようにしています。月曜日→Aさん、火曜日→Bさん、水曜日→C君というように、前日までに誰と食べるかを決め、それをスケジュールに追加しておきます。繁忙期でランチの時間すら惜しい！　という時期であれば、夜飲みに誘い、近くの居酒屋で軽く1～2杯飲みながら話をします。超絶忙しい時期は、週末に部下と会うこともあります。一緒にフェスへ参加したり、部下が好きなお店へ行ったりします。部下と渋谷でアフタヌーンティを嗜んだこともあります。

部下1人ひとりと話す「量」を増やすことが目的なので、とにかくランチでも飲みでも、部下全員と毎月1度はご飯を食べに行くと決めているのです。

また、出張や外出の多い時期は、どうしても部下との会話が減ってしまいますが、そういった時期には必ずこちらから部下にＬＩＮＥをします。「最近どう？」「この間、朝早くきて勉強してたね！」

「入社した頃に比べると、日に日に表情が明るくなってきてるね！」「少し前に悩んでた彼氏さんとは今どうなの？」等々、プライベートなことでも仕事のことでもよいので、連絡を入れます。そこから少しＬＩＮＥでやり取りをすることもあれば、電話に切り替えて話したりもします。

特に、世代の違う部下や年の離れた部下を育成するときに、どうしても自分にとっては当たり前だったことが当たり前ではなくなっていたり、常識だと思って行ったことが非常識だと思われてしまったり、そういったジェネレーションギャップも生まれしまいます。

そんな中で、気がついたときには、部下のほうから自分に勝手に心を開いてくれていたなんてことは起こり得ません。こちらから歩み寄る必要があります。他愛のない会話でよいので、まずは話す「回数」を意識して増やしてみてください。

10　定期的な１ｏｎ１を実施する

１ｏｎ１による効果

「１ｏｎ１（ワンオンワン）」とは、上司と部下が定期的に行う１対１の面談のことです。

アメリカのシリコンバレーを中心に、米国で数多くの企業が実施していたこの１ｏｎ１ミーティングは、日本では、２０１２年にヤフー株式会社が導入したことで注目を集めました。現在では、「ヤフーの１ｏｎ１　部下を成長させるコミュニケーション技法」や「シリコンバレー式最強の育て方人材マネジメントの新しい様式　１ｏｎ１ミーティング」など、１ｏｎ１ミーティングについて紹介する書籍がいくつも出版されています。

会社が2年目に突入したタイミングで、弊社でもこのミーティングを導入しました。しかし、始めてすぐの頃は、上司と部下との間に見えない壁があり、部下は上司の顔色を気にして発言していたり、自身の評価に繋がるのではないかと緊張してしまったりして、なかなか本音が出てきませんでした。

上司は上司で、そんな気まずそうな部下を前にどう話を切り出してよいかわからず、沈黙の時間が生まれてしまったり、生産性のある会話をつくり出すことができずに、ただただ時間だけが過ぎていくなんていうこともありました。

しかし、試行錯誤しながら毎週繰り返していくうちに、コミュニケーションの量が増え、ザイオンス効果もあってか少しずつ上司と部下との間にあった壁が低くなっていきました。３か月も継続していると、上司と部下の距離が縮まることによって、部下のほうから相談事をしてくれるようになる等、少しずつ変化が見られるようになりました。

関係性が築け、部下が心を開いてくれれば、あとは上司が正しいタイミングで正しい指導やフォローをすれば、どんどん部下の中で信用残高が貯まっていきます。

１ｏｎ１で部下が本音を話してくれるようになる（相談事や悩みなどを話してくれるようになる）

←

上司は部下の状況を逐一詳しく把握できるようになる
←　上司が部下に対して然るべきタイミングで指導ができる
←　部下からの信用・信頼を得られる
←　1on1で部下が本音を話してくれるようになる（相談事や悩みなどを話してくれるようになる）

このようによい循環が生まれたため、やり始めてすぐの苦労が嘘のように社内の雰囲気はよくなり、離職率が低下するだけでなく、仕事効率が上がり、売上も毎月記録を更新していきました。

1on1ミーティングは、即効性のある方法ではありませんでしたが、弊社では時間をかけることに、確実によい方向へ進んでいきました。

上司との関係性がよくなったことで、部下は上司に媚びへつらうことがなくなり、より自分の仕事にやりがいを持って取り組めるようになりました。ただただ上司から指示されたことだけを機械のようにこなしていた部下が、活き活きと仕事をするようになったのです。

また、上司は、部下が何に悩んでいるのか、何を目標にしているのか、その目標の達成率は今どのくらいなのか、何か問題は起きていないか等、常に部下の状況を把握できるようになったため、よりマネジメントがしやすくなりました。

１ｏｎ１の流れ

弊社では、週1回、15～30分程度の１ｏｎ１を実施しており、試行錯誤を繰り返した結果、現在では次のような流れで行われています。

①　目標の設定（確認）

仕事を通じてどう成長していきたいか、どんな仕事をしてみたいのか、いつまでにどのくらい稼げるようになりたいか、どのくらいのペースで昇格していきたいか等、部下の目標を設定します。

※目標は、基本的には部下自身に考え決めさせます。適度なアイデア提供は必要ですが、他人から決めたことよりも自分で決めたことのほうが達成率が上がります。明らかに達成までの道のりが簡単過ぎたり、もしくは難し過ぎる場合は、やんわりと最適な目標を提案してみることもあります。

②　課題の明確化

設定した目標を達成するためにやらなければいけないこと、クリアすべき課題を明確にし、それらに優先順位をつけ実行させます。

※上司から課題を提示してはいけません。基本的には部下に自分で考えさせ、原因と結果を分析する力を身につけさせます。

③　進捗状況の確認

現在の目標に対する進捗状況を確認します。

※設定した目標に対して何パーセントくらい達成しているのかを部下に自覚させるために、必ず確認するようにしています。

④　できるようになったこと

先週1週間でできるようになったことをヒアリング＆アクノリッジします。目標を達成するためにどういった意図でどんな行動をしたのかを詳しく聞き、できるようになったことや成長した部分があれば褒めちぎります。

※自分にとっては当たり前にできることであっても、部下が努力し新たに身につけたスキルであれば、わが子のように喜び、称賛してあげてください。「次も頑張ろう！」と部下はものすごくやる気を出します。

⑤　苦戦していること

先週1週間でトライはしたけどクリアできなかった課題や苦戦していることをヒアリングします。どう行動を変えていけばクリアできそうか考えさせ、どうしても答えが出てこない場合のみ、ヒントを与えます。

弊社では、基本的に「答えを教えない」ことで考えさせる力をつけさせ、自立した人材を育成することに注力しています。もちろん、答えを教えてしまったほうが失敗やミスも少なくなりますし、仕事の効率もそのときだけ見たら上がります。しかし、それでは長期的な解決にはなりませんし、部下はいつまで経っても自分の足で立つことができません。

⑥　その他相談事項

面談の最後に、部下のほうから何か相談事や悩みがないかをヒアリングします。

この1on1を導入してすぐの頃は、どんな話をしたらよいのかよくわからず、部下からも「話したいことは特にない」とシャットアウトされてしまうこともあって、なかなか上手くいきませんでしたが、現在では、この取組みは1つの社内文化として浸透し、スタッフ全員が積極的に参加するような体系となっています。

実際に、この1on1を実施してから離職率が20%から0%に低下した、という事例もあります。まだ導入していない場合は、明日からでも実施することをおすすめします。

11　小さなことも褒める

褒めたほうが人は伸びる

1925年にアメリカで次のような実験が行われました。

子どもたちを3つのグループに分け、算数のテストを受けさせます。そして、そのテストの結果について、Aグループ「成績に関係なく褒める」、Bグループ「成績に関係なく叱る」、Cグループ「褒めたり叱ったりせず、放任する」に分けて、数回テストを繰り返した結果を比較する、というものです。

成績に関係なく褒められたＡグループは、71％成績がアップしたのに対し、成績に関係なく叱られたＢグループは19％成績がアップ、放任されたＣグループは５％アップにとどまったそうです。心理学者エリザベス・ハーロック博士が行ったこの有名な実験で、「人は叱られたときよりも褒められたほうがやる気や成果を出しやすい」ことが証明されています。

褒め続けたら本当に人が伸びた

しかし、実際には、「褒めたほうがよい」と頭ではわかっていても、簡単な仕事にてこずってしまったり、ミスが多かったり、なかなか思うように成長していかない部下を目の前にすると、どうしてもカッとなって声を荒げてしまったり、「どうしてこんな業務もできないんだ」とイライラしてしまったりします。

人材育成を始めたばかりの頃、私は、どうしても部下を褒めることができませんでした。部下のできていないところばかりが目についてしまい、褒めることよりも叱ることや指導することのほうが多く、１日が終わって「あぁ、またきょうも褒められなかった」と自己嫌悪に陥るのです。

たまたま弊社のオフィスを見学にきていた他者の社長さんからも、「全体的にどことなく空気が重く、部下がしんどそうだ」とアドバイスをいただき、「騙されたと思って、褒めて褒めて褒めまくってみてごらん」と言われたことがあります。

しかし、それでも、どこをどうどのタイミングで褒めたらいいのか、当時の私には全くわかりませんでした。

2年ほど前に入社した20代の女性スタッフ（以下、Lさん）は、3か月経っても4か月経っても半年経っても1年近く経っても、なかなか成果を上げられずにいました。サボったり、手を抜いているようには見えないのですが、小さな凡ミスが減らず、営業成績もずっといまいちで、これはいい加減、部署を異動させるか、会社を辞めてもらうかしたほうがよいのでは？　という話にまでなりました。

Lさんは、毎朝、他のメンバーよりも早く出勤し、始業前に勉強をしていたり、研修中には必死でメモを取る姿が印象的で、そんなLさんがなぜこうも成果を上げられないのか気になり、私は面談をすることにしました。すると、なぜ誰よりも時間と労力をさいて仕事に取り組んでいるLさんが、こんなにも成績が上がらないのかわかったのです。

Lさんには自信がありませんでした。

どんな質問を投げかけても、「おそらく」「多分」という前置きがつき、「…だと思います」と断言できない感じから、自信がない、もしくは自信をもてない状況なんだなと気づいたのです。

私は、Lさんの直属の上司と相談し、面談から1か月間、何があって、どんな状況でも、毎日必ず彼女を褒めちぎってみようと決めました。それから毎日のように、「毎朝早く来ているね！」「ハードワーカーだね！　私も見習わなきゃ！」「一生懸命メモを取っている姿勢が素晴らしいね！」「挨拶が元気よくハキハキとしていて、いつも気持ちがいいよ！」「さっき新人の○○ちゃんをフォローしてくれてありがとうね！」等々、Ｌさんの直属の上司や同じチームのメンバーにも協力してもらい、皆で思いつく限り褒めまくりました。

するると、嘘のように凡ミスが減り、どんどん成果が上がっていくと同時に、Ｌさんの表情も活き活きとしはじめ、ネイルやアクセサリーなどオシャレをするようになり、この施策からたったの1か月で、Ｌさんは見違えるほどキレイになったのです。自分の行動に自信をもてるようになり、結果がついてきたことで更に自信がついたのです。

褒めるだけで人が伸びるなんてと半信半疑だった私も、この1件をきっかけに、叱るより褒めたほうが人は伸び、自分も育成していて気持ちがよいなと、育成方針を改めることにしました。

褒め褒めキャンペーンの実施

褒めるポイントは、どんなことでも大丈夫です。

毎朝、皆より少し早く出勤していること、目を見て挨拶してくれること、すれ違うときにいつも笑顔で会釈してくれること、仕事が丁寧なこと、ミスが少ないこと、メモの取り方、打合せのときの姿勢、ミーティングでの積極的な発言、謙虚で低姿勢なところ、誰に対しても優しく気遣いができるところ、等々。

褒めるところを見つけようとすれば、いくらでも見つかるはずです。見つけるクセがついていないうちはなかなか見つからないかもしれませんが、根気よくよいところを見つける努力をしてみてください。

弊社で、定期的に「褒め褒めキャンペーン」というものを実施しています。

これは、仕事のできや結果を褒めるのではなく、その人の人間性の部分や、日々の仕事に取り組む姿勢を褒め合うというものです。

全スタッフが1人ひとりのよいところを紙に書いて提出し、それらをまとめたものが各スタッフに配られます。

次の記載は、実際にスタッフが受け取った褒め褒めシートの一部を抜粋したものです。

〈Gさん〉

・裏表が本当にないんだろうなって伝わるし、しかもその人間性が素敵な人
・明るくていつも笑わせてくれる
・物知りで、Gさん以上に親しみやすい人はいなくて、本当に何でも話せる！
・ノリがよい（安心してボケられる）
・貪欲に学びに行っているところ
・知識も多いし、笑いも多いし、ポジティブの発信源のような人
・誰に対しても親身になって、その人のよいところを見つけられる人

〈Hさん〉

・聞いたことは必ずメモして忘れないように努力している

・1つひとつの行動がとても丁寧
・理解力、頭の回転の速さ
・結果を出そうという意識、学ぶ姿勢が素晴らしい
・目が生き生きしている
・声がダントツで素晴らしい
・謙虚で物腰がすごく柔らかいところ

仕事に全く関係のないことも多々含まれていますが、これでよいのです。

この褒め褒めキャンペーンを実施するようになってから、新人さんを含め、スタッフ1人ひとりが自分に自信を持つことができるようになり、結果を出すまでの期間が短縮されました。また、職場の人間関係がよりよくなったことで、離職率を下げることにもつながりました。

12　結果ではなく過程を褒める

「結果」でしか評価されない

私は、人生で1度くらいお腹を縦に割ってみたいという願望から、現在パーソナルジムに週1で通っています。ジムの日は、みっちりドSなトレーナーさんにしごかれ、ジムがない日も家で毎日ストレッチをしています。

しかし、大事なのは、〝ジムでも家でも毎日頑張っている〟ことそれ自体ではなく、お腹が縦に割れることであり、そのために注目すべきなのは、毎週ジムで測る体脂肪率と筋肉量という2つの数字です。ストレッチや筋トレをどのくらい頑張ったかという過程ではなく、この数字（結果）によって評価されます。どれだけ辛い食事制限をしても、体脂肪率が下がっていなければダメなのです。腹筋の回数を増やしてものすごくお腹を痛めつけても、筋肉量が増えていなければダメなのです。

どの世界でも、一番わかりやすい評価基準は「結果（数字）」です。

レストランへ行けば、料理が美味しいか美味しくないかという結果で判断されます。シェフがイタリアで何年修行していようと、料理が不味ければリピートはしないでしょうし、ただの料理好きなおじさんが開店したお店であっても、料理が美味しければ食べログの評価は高くつくことでしょう。

学生の頃であれば、勉強した時間の長さや塾に通ったその労力が評価されるのではなく、テストの数字を見られますし、その数字によって合格・不合格という結果が下されます。

プロスポーツ選手であれば、練習量や練習に費やした時間ではなく、勝ったか負けたか、優勝したのかしていないのか、金メダルなのかそうでないのか、といった結果で評価されます。イチローは、陰で人の何倍も努力していると言われていますが、イチローが世の中から注目を集め始めたきっかけは、おそらくその練習量や努力の凄さではなく、ヒットの数でしょう。

そして、それは仕事でも同じことで、どれほど努力したかではなく、営業職であれば獲得したアポイントの件数や売上の数字などで評価されます。評価基準も、明確に数字で表されていることが多いでしょう。

しかし、新人や社会人経験の浅いスタッフであればあるほど、どうしても結果を出すまでにある程度の時間がかかってしまいます。

これもまた、どの世界でも共通しているところではあるのですが、筋トレも始めてすぐに筋肉量が上がるわけではないですし、ちょっと食事を意識しただけではいきなり体脂肪率の数字は落ちません。

これまで全く料理をやらなかった人が急に料理教室に通ったからといって、翌週にはプロ並みに料理が上手くなるなんてこともないですし、勉強もスポーツも、ある程度のレベルまで習得するのには、それなりに時間がかかります。

〝過程〟を褒める

何かを始めてすぐは思ったような結果が出ないことに本人が一番憤慨し、時にはこんなこともできないのかと自信を失っています。

おまけに、上司や先輩からは叱られてばかりの状況がつくり出されやすいので、だからこそ、「褒める」というマネジメントは効果が大きいのです。

そして、この褒め方を少しばかり工夫するだけで、部下が自信をつけるだけでなく、よりスピーディーに結果を出させる方法があります。それが「過程を褒める」というものです。

この「過程を褒める」という方法を知らなかった頃、私は、いつもスタッフの「結果」ばかりを褒めていました。

終業後の締めで、その日の営業成績がよかった人を皆の前で「すごい！　さすが！」と拍手で称賛し、それを見て他のメンバーが「次は私も！　もっと頑張ろう！」とやる気になってくれたらと思い、あえて結果を毎日公表し、結果のよい人は褒めるという形にしていたのですが、これは大きな間違いでした。

目に見える結果を出さなければ、どれだけ努力しても評価されないため、新人や不器用な子（一人前になるまでにある程度時間のかかる子）たちが、毎日のように結果に追われ、日に日にプレッシャーを感じ、どんどん会社へ来づらくなってしまったのです。きょうも結果が悪かったらどうしようとネガティブ思考に陥ってしまったり、同期と比べて数字が出ていない自分に自信を失くし、自分にはこの仕事は向いてないと退職してしまったりと、結果として、その時期は離職率が高くなってしまいました。

また、その日の数字を上げるためにズルをしたり、嘘の数値報告をするスタッフまで出てきてしまったので、これはマネジメント方法を変えるなり、何かしら対策を考えなければと悩んでいたタイミングで、結果ではなく過程を褒めるようするとよいと社長仲間からアドバイスをいただき、意識するようになりました。

この「過程を褒める」は予想以上に効果的で結果はすぐに現れました。

まず、思うような結果が出なかったときや失敗したとき、いつも自信を失っていた部下たちが、「今回は努力が足りなかっただけだ。次はもっと頑張ろう」と、自分自身を否定するのではなく、その過程の部分にフォーカスするようになったのです。スタッフ１人ひとりが焦らず、各々のペースで学んで成長ができ、目標に追われて死んだような顔のスタッフたちが殺伐とした雰囲気を醸し出していたオフィスから、積極的にゴールを設定し、目標を追い続けるオフィスへと変わっていきました。

努力を称賛する

「人を動かす（HOW TO WIN FRIENDS AND INFLUENCE PEOPLE）」でD・カーネギーが、『人間は、誰でも周囲の者に認めてもらいたいと願っている。自分の真価を認めてほしいのだ。小さいながらも、自分の世界では自分が重要な存在だと感じたいのだ。見えすいたお世辞は聞きたくないが、心からの称賛には飢えているのだ。自分の周囲の者から、チャールズ・シュワッブのいうように〝心から認め、惜しみなくほめ〟られたいと、私たちは、皆なそう思っているのだ』（D・カーネギー著、山口博訳「新装版　人を動かす」創元者社刊）と綴っているように、人は皆称賛に飢えています。

社会人になってからは、ある程度の業務はできて当たり前、それなりの努力をするのも当たり前で、一人前になってもなお〝心から認め〟られることはなかなかありません。上司が期待する以上の「結果」を出さない限り、称賛されることはほとんどないでしょうし、新人であればあるほど、褒められることより叱られることのほうが多くなります。

しかし、それでは、部下はプレッシャーに押しつぶされ、自信を失くし、やがて成長意欲すらなくなってしまいます。

人材育成とは、ただ業務内容を教え、それらを習得させることではありません。人として育成をすることが仕事です。

ついつい正しく業務をこなすことや、ミスを減らすことやそれにまつわる決められた数字を追うことばかりに焦点が合い、機械のように正確に働く人間をつくり出すような育成をしてしまっている上司がいますが、その教え方では、仕事内容が少し変わっただけで成果を上げられなくなりますし、指示を出す上司がいなければ判断できない人間になってしまいます。

とにかく褒めていれば正しい人材育成ができるというわけではもちろんありませんが、人材を育成していくに当たってアクノリッジをすることは、1つの有効な手段となります。

仕事においては、上司が褒めてあげなければ、部下は誰からも承認されない状況になってしまいます。

1人ひとりの部下の仕事に対する姿勢をしっかりと見て、その努力を称賛してあげましょう。

第2章　自分のあり方を見直す

1　理想の上司にまず自分がなる

部下は上司を見て育つ

「学ぶ」という言葉の語源は、「真似ぶ」だと言われています。

人間は、自分の周りにいる誰かの言葉や行動を真似するところから新しいことを吸収し、学びを得ます。赤ちゃんは、親が喋っている言葉を聞いて、少しずつ言葉を覚えていきます。そのため、赤ちゃんが最初に話す言葉として多く挙げられているのは、「まんま（ごはん）」や「ママ」「パパ」など身近なことを表す言葉だと言われています。

幼稚園・保育園に通う年代の女の子たちが、母親の真似をしておままごとをしてみたり、小学生の男の子たちが仮面ライダーの真似をして悪党役を懲らしめてみたり、小さい頃から無意識に周りにいる人（キャラクター）たちの真似をして育ちます。

中学・高校になると、親だけではなく、周りの先輩や友だちの影響を受け、タバコを真似して吸い始めたり、お化粧について勉強してみたり、自分から自然と興味を持って始めることよりも、誰かの真似からスタートしていることのほうが多いのです。

そして、大人になってからも、社会人になってからも、私たちは、自分の身近にいる人たちを見て、真似て、育ちます。

専門学生だった頃、私は、有名な某牛丼チェーン店でアルバイトをしていました。授業終りの18時から21時まで、週４日そこで働いていました。右も左もわからない私は、少し前に入った先輩アルバイターの方々を見て、まず真似をするところから仕事を覚えていきました。食券を受け取り、オーダーを確認、メニューを提供するまでの一連の流れ、レジのやり方や券売機のチェック方法、サラダや豚汁のつくり方を、先輩の後ろについて見て、覚えて、真似て、習得します。

私が働いていた店舗は、大通り沿いにあり、おまけに周りに競合店舗が１つもなかったため、平日でも仕事終わりのサラリーマンや部活終わりの学生、近くにお住いの子連れのご家族でごった返すほど、夕方から夜にかけてはかなり忙しくなります。

そして、忙しくなればなるほど、店長や社員さんのお客様への対応がものすごく雑になります。お客様が来店されても見向きもせず、黙々とお肉を焼く店長は、「いらっしゃいませ」の一声すら発しません。もちろん、お帰りいただく際の「ありがとうございました」という挨拶もありません。お客様に対する笑顔もありません。その店長は、イライラを社員にぶつけ、イライラをぶつけられた社員さんは棘のある言葉をアルバイターに浴びせ、店内の厨房が最悪の雰囲気になっていることが多々ありました。

ある日の夕方、お店がまだ比較的空いているタイミングで、店長がその日シフトに入っていたアルバイトを全員集め、「最近マナーがなっていない、どんなに忙しくても、お客様への『いらっしゃいませ』『ありがとうございました』など挨拶を徹底するように」と指導がありました。そのときの私を含むアルバイトの人たちが、どんな気持ちだったかは想像に難しくないでしょう。

「理想の部下像」にまず自分がなる

人材育成を始めたばかりの人からよく聞かれる質問で、「どんな伝え方をするとよいですか？」「どう指示を出せば、部下は素直に動いてくれますか？」「どういったときに叱ると、より効果的ですか？」等々、伝え方や伝えるタイミングなど、小手先のテクニックで何とかしようとする人がいますが、その前にまずご自身がどんな背中を部下に見せているのか、1度考えてみてください。

部下は、あなたを見て育ちます。

- 上司の指示がなくても正しく動くことができる
- 積極的に意見を言うことができる
- 愚痴を言わず、黙々と作業に取り組める
- 報連相を徹底して行うことができる
- 目標達成のためにハードワークができる
- 成長意欲があり、学ぶ姿勢がある

こういったご自身が描かれている『理想の部下像』にまずご自身がなれていますか？

ある日、私がふとオフィスを見渡していると、30代の次期管理者候補の男性スタッフが、明らかに業務で忙しそうなのにも関わらず、後輩から声をかけられると、業務の手を止め、後輩のほうに

体を向けて話を聞いています。私は思わず声をかけ、「今の対応は素晴らしいですね。正直、今業務でめちゃくちゃ忙しいですよね？　なのに、ちゃんと業務の手を止めて、相手の目を見ながら話を聞くって、なかなかできることじゃないですよ」と素直に褒めると、彼は少し間を置いて、「いつも自分の上司が自分に対してそう対応してくれるんです」と言いました。

小手先のテクニックだけで何とかしようと考えるのはやめ、まずは自分自身が手本となり、背中で見せていきましょう。

2　よいところは半分しかマネしないのに悪いところは倍マネされる

悪いところは真似するのが楽

私が人材育成をしていくメンバーには、口を酸っぱくして伝えていることの1つです。なぜ悪いところはマネされやすいかというと、人間とは基本的に堕落しやすい生き物だからなのだろうと私は考えています。自分の部屋を汚くしようと思えばいくらでも汚くできるように、堕落しようと思えばいくらでも堕落できます。なぜなら、そのほうが楽だからです。

先述した某牛丼チェーン店でアルバイトをしていた頃、お客さんの入りが少ないと、アルバイト歴の長い先輩たちはお店の裏でおしゃべりを楽しみ、新人アルバイターだけでお店を回すといった日がたまにありました。それを見て新人だった頃の私は、『一生懸命仕事をしてもサボっていても、私とあの先輩のお給料は変わらない。ならば、必死に働くのはバカらしい、できる限り私も手を抜きたい』と考えるようになりました。

上司が仕事の手を抜いていたら、自分もちょっとくらい手を抜いたっていいだろう、上司が遅刻していたら、自分も1度くらいはいいだろう、と甘えが生まれてしまうのです。そして、「このくらいは」と決めていたボーダーラインのようなものは次第にゆるくなっていき、サボり癖が抜けなくなってしまったり、遅刻魔になってしまったりするのです。

人材育成を任せているリーダーの1人に、とてもマイペースな女性スタッフがいます。彼女は、書類の提出がいつも期日ギリギリだったり、打合せの時間には2～3分前に来る等、とにかくとてもマイペースで、あまり焦っているところを見たことがありません。期日に間に合わせてくれるだろうかと、たまにドキドキハラハラさせられるので、心臓に悪いのですが、彼女には彼女のやり方やペースがあるので、そこにはずっと口を挟まないようにしていました。

しかし、外部での勉強会に参加した日のことです。会場が入り組んだ場所にあり、わかりづらそうだということで、新宿駅のJR西改札口で1度スタッフ全員が集合し、全員が揃ってから会場へ向かうことになっていました。集合時間は朝8時だったのですが、20名中16名が時間前までに改札口へ集まりました。そして、電車の遅延で3～4分ほど遅刻してきた残りの4名全員が、この女性リーダーの部下だったのです。

私は、彼女に「自分が普段、部下にどういう背中を見せているのか、もう1度考えなさい」と厳しく叱りました。それ以来、彼女は余裕をもって仕事をこなすようになり、彼女の部署から遅刻者が出ることもなくなりました。

仕事が丁寧でミスのほとんどないチームのリーダーは、仕事が丁寧でミスをしません。ミスが多く大雑把な仕事をする傾向のあるチームのリーダーは、ミスが多く大雑把な仕事をしています。

部下は上司の鏡

部下は自分のリーダーを見て育ちます。リーダーの真似をして日々学んでいます。

リーダーが時間ギリギリでの行動ばかりしていると、「リーダーはいつも時間ギリギリだし、早く来て待っているのもバカらしい、自分もとりあえず時間に間に合いさえすればいいや」という気の緩みに繋がります。リーダーが雑な仕事をしていると、「リーダーがあんな感じだし、自分もこんくらいでいいかな」と手を抜くようになります。そのため、部下を見れば、上司の仕事に対する姿勢が手に取るようにわかります。

上京してすぐの頃、インターネットでアルバイトを探していた私は、時給の高いコールセンターに業種を絞って求人に応募し、何社か面接を受けました。

一番最初に面接へ行ったのは、高田馬場駅から徒歩5分くらいのところにあるコールセンターでした。休憩室のようなところで面接官を待っている間、何人かスタッフの方が休憩室を行き来していたのですが、私に挨拶をしてくれた人は1人もいませんでした。

強面の面接官が休憩室に入ってきて面接が始まったのですが、忙しい時間帯だったのか、挨拶もなく、いきなり「応募理由は？」「どれくらい入れるの？」と必要最低限の質問だけちゃちゃっと聞いて、「じゃあ合格だったら明日また連絡するんで」と告げ、さっさと架電室へ戻っていったのです。

このときに、「上の人間がこれだと下は挨拶しなくなるわな」と妙に納得したのを覚えています。また、上を見て人は育つんだなと、そのとき身をもって感じました。

部下は、自分のよいところはなかなか真似をしてくれないのに、悪いところはすぐ真似をします。悪いところを真似をするのは、労力も時間もかからず、明日からでも、誰にでも、すぐ真似できてしまうからでしょう。

「人の振り見て我が振り直せ」とは、他人の言動のよしあしを見て、自分の振舞いを反省し、直すべきところは改めよという教えですが、自分の部下を見て、自分の振舞いを反省し、直すべきところを改めましょう。部下は自分の鏡です。

3　インサイドアウトの考え方

矢印を「外」に向けない

スティーブン・R・コヴィー博士による成功哲学書『7つの習慣』で、この考え方を御存じの方は多いと思いますが、「インサイドアウト」とは、簡潔に説明すると自分に矢印を向けましょうということです。

「7つの習慣」では、次のように説明されています。

『多くの人は、自分の都合のいいように物事を見て、「いいこと」と「悪いこと」を判断している。そういう人は「できなかった理由」を人のせい、環境のせいにする。自分の物事への見方を変えて自分自身が変わらなければ、周囲の物事も変わらない』。

（フランクリン・コヴィー・ジャパン著「まんがでわかる　7つの習慣」宝島社刊より引用）

『……問題は「外」にあるとし、「向こう」が態度を改めるか、あるいは「向こう」がいなくなりさえすれば、問題は解決すると思い込んでいる』。

（スティーブン・R・コヴィー著「完訳　7つの習慣　人格主義の回復」キングベアー出版刊より引用）

世の中には、自分の力ではコントロールできないことがたくさんあります。

例えば、「天気」。

雨が降るとテンションが下がります。足元が濡れてしまいますし、髪はボサボサになりますし、濡れた傘を持ち歩くのも面倒です。何だか気分も落ち込みます。しかし、落ち込んだところで雨は止みません。どう頑張っても天候を変えることはできません。

例えば、「災害」。

どこでどんなことが起こるのか、私たちの誰も把握することはできませんし、起こらないように努力することもできません。何かが起こったときの対策ができるだけです。

焦っているときに限って電車が遅延していたり、デートの日に限って台風が来たり、例を挙げれば切りがないですが、自分自身ではどうこうしようのない出来事はたくさん身近に起こっています。

そして、こうしたコントロール外の物事に対して、「何で電車が時間どおりに来ないんだ！」とイライラしても電車はきませんし、「何でよりによってきょう台風なんだよ…」と落ち込んだところで台風は来ます。

つまり、自分自身の力では変えられないものに対して、いくら感情的になっても状況が変わるわけではないですし、仕方のないことだと割り切るしかないのです。

「人」は変えられない

そして、「他人」もコントロール外に属するものです。

親、兄弟姉妹、彼氏彼女、上司、部下ｅｔｃ…。

家族であったとしても価値観はそれぞれでしょうし、育った環境や年代が違えば、考え方や物事の捉え方も違って当然でしょう。それを「この価値観が正しい」「その考え方は間違っている」など、自分の見てきた世界の考え方を他人に強要しても、簡単には人は変えられません。

私は、筋トレが好きで、現在、アブクラックスを目指して、週1回パーソナリナルトレーナーをつけて特訓しています。もちろん、食事にも気をつけています。少しずつ筋肉がついて身体が絞まっていくのを全身鏡で見ると、ものすごくテンションが上がりますし、身体がどんどん軽くなっていく快感を知っているので、食事制限もそこまでストレスになることなく、今のところ半年以上続けられています。

私の友人にとにかく食べることが好きな女の子がいます。彼女曰く、「食事制限をして長生きするくらいなら、食べたいものを食べたいときに好きなだけ食べて50歳くらいでポックリ死にたい」ということなのです。したがって、私が彼女にどれだけ運動の大切さを伝えても、食べものを変えることで身体にどんなメリットがあるかを説明しても、彼女自身が「筋トレをしてみたい！」「食事を変えてみよう！」と望まなければ、運動も食事制限も行わないでしょう。

タバコが好きなスタッフに対して、真っ黒になった肺の写真を見せても、寿命が縮まっていく話をしても、タバコを吸い続けるスタッフはやはりいるのです。どれだけタバコをやめてほしいと懇願しても、そのメリットを力説しても、禁煙するかしないかは本人にしか決められないのです。

つまり、指示がないと動かない部下や成長意欲のない部下に対して、「自分がこんなに一生懸命指導しているのに、何でアイツは行動しないんだ！　やる気のないアイツが悪いんだ！」と文句を言っているのは、早死にしてもいいから食べたいものを食べたいと願う友人に、「こんなにメリットを伝えているのに、何で食事制限しないんだ！」と言っているようなもので、タバコをやめないスタッフに、「こんなに親身になって言ってやってるのに、どうして禁煙しないんだ！」と言っているようなもので、雨の日に空に向かって「何でこんなに毎日頑張って仕事をしているのに、晴れないんだ！」と言っているようなものです。

指示がないと動かない部下に対して、どれだけ主体性の大切さを伝えても、積極的な行動とは具体的にどんなものであるのかを説明しても、それが昇格・昇給につながっているとしても、本人が望んでいなければ行動には移しません。

行動に移すか移さないかを決めるのは当の本人であり、育てる側の私たちにとって、他人を動かすというのはコントロール「外」のことなのです。

私たち育成側にできることは、部下に伝えたい内容を根気強く伝え続けることと、自分が実際にやっている背中を見せ続けることだけです。

「向こう」に矢印を向けたところで、状況は変わりません。

しかし、「自分」は、きょうこの瞬間からでも変えられます。

まずは自分に矢印を向け、自分に変えられるところはないか、自分にできることは他にないかを考えましょう。

4　気分で仕事をしない

日によって態度が変わる人

「おい！　徹底してまいりますじゃないだろ！　何で確認怠ってんだよ！」

どす黒い声がオフィス全体に響き渡り、一瞬で部屋がシン…としたのをよく覚えています。

弊社のスタッフが指さし確認を怠りミスをしたことに対して、パートナー企業の担当者（以下、Mさん）はかなりお怒りなご様子でした。そこまで怒鳴ることでもないだろうと、ほかの担当者さんたちがすかさずフォローに入ってくださったので、大ごとにならずに済んだのですが、確かにミスの内容からしても、そこまで重大な過ちではなかったですし、注意するだけで済むようなレベルだったのに、なぜあんなに感情的になっていたのか、その場にいた全員が理解できずにいました。

私は、この事件の翌日、直接Mさんと話がしたいとお願いし、時間を設けていただいて、「先日は、うちのスタッフがご迷惑をおかけして申し訳ございませんでした」と謝罪すると、ものすごく柔らかい表情で、「いやいや、いいんですよ。ミスなんて起こりますからね。私も感情的になってすみません、気をつけますね」と優しく対応してくださり、昨日のあの罵声は何だったんだ？　と不思議に思っていました。

その数日後です。

「本当わかってねぇな」

「その回答で許されると思ってんの？」

スタッフ全員が見ることのできるチャットワークで、このメッセージが特定のスタッフ宛にMさんから送られてきたのです。誰かに憑りつかれているのではないかと思うほどの豹変っぷりに、私は言葉が出ませんでした。

何か月か経ってから聞いたところによると、プライベートのほうでいろいろストレスが溜まっていたとかいないとか。

自分のあり方を変えない

Mさんほどわかりやすく喜怒哀楽が態度に出ている人は少ないかもしれませんが、部下は意外と上司の顔色や発言や行動をよく見ています。人生よいことばかりではないので、気分が落ちてしまう日や感情的になってしまいそうな日もあるとは思いますが、部下の前では常に変わらぬ姿勢を貫くべきです。

指導が丁寧でいつも穏やかなことで有名な医者の男性が、奥さんと喧嘩をしたイライラを仕事に持ちこみ、患者さんに対してものすごく感情的に説教をしていていたらどう思うでしょうか。ホテルマンが気分で接客をしていたり、シェフが「気分が乗らないから」と味を妥協して料理を提供したり、プロのスポーツ選手が「きょうはだるいから」と練習試合で明らかに手を抜いたプレーをしていたり…。

それではプロとしては失格ですよね。

人間ですから、「きょうは気分がイイな！」「きょうは何となく気分が上がらないな…」という日もあるでしょうし、プライベートでの出来事を引きずってしまったり、割り切れないときもあるでしょう。それでも、部下に対しての接し方や自身のあり方は、いつでもフラットにあるべきです。

私が以前アルバイトをしていた名古屋にある焼肉屋さんの店長は、私がこの28年間で出会った人の中でも1、2位を争うほどの気分屋さんでした。

出勤して「おはようございます」と私が挨拶をしたあとの反応ですべてわかるのです。

・「おはよう！」と明るく挨拶を返してくれる日

→機嫌がよい日。ミスをしても笑って許してもらえるラッキーデー

・「おはよう」と一応ぼそっとでも挨拶を返してくれる日

→機嫌はよくも悪くもない日。波風立てずに仕事が終われば平凡な1日になる

・「あぁ」と吐いた息のついでに出てきたような挨拶が返ってくる日

→危険な日。ほぼ１００％機嫌が悪いので、ミスをしたら殺される

そして、最凶の日は、「おはようございます」と挨拶をした瞬間、「さっさと着替えろよ。わかんだろ、きょう忙しいんだよ、まじ使えねぇな」と悪口が返ってきます。こういった日は、ほぼ毎回辛くて泣きながら帰っていました。

私は、この店長の下では働きたくないなと思い、もともと長期希望で採用していただいていたのですが、結局1か月で辞めてしまいました。店長の機嫌にビクビクしながら働くなんて御免でした。

これまで私が経験した仕事の中では、一番時給も高く、駅近で通いやすく、おまけに仕事も楽だったので、条件面だけ見れば最高だったのですが、やはり人間関係が悪かった（店長のアルバイトいじめがいろいろあった）ので、我慢してまでその職場で長く勤めようとは思いませんでした。

あなたの「気分」は、部下には関係ありません。いつでもどんなときでもフラットに。

5　人によって態度を変えない

相手の肩書きを見て態度を変えない

社長や上司など、自分より立場が上の人間にはペコペコし、立場が下の人間には横柄な態度を取るというような人がいますが、客観的に見ていると本当に気分が悪くなりますよね。

私は、見た目が幼いので、初見の方にはよく年下に見られ、いきなりため口で、おまけにちょっと上から目線で話しかけられたりすることがあります。それ自体は別にいいのですが、私の立場を知った瞬間にコロッと態度を変え、急に敬語になり、「さすがですね！」「すごいですね！」と謎に褒めちぎってくる人がいます。ポジションでしか人を判断していないのかと思うと、本当に何というか、虚しくなります。

「合う」「合わない」に関係なく誠実に

「合う」「合わない」というのは何にでもあります。

スポーツでも、ヨガやピラティスのようなゆっくりとした動作が合っているという人もいれば、ダンスやボクシングのようにバリバリ体を動かしたいという人もいます。

今年の春先、私は、自分の体はどんな食材と相性がよいのかを知るために、1週間ごとに食べるものを変え、各週の体重と体脂肪率の変化を調べてみました。すると、明らかに数字に変化があったのです。主食を「肉」にしていた週は、体重↓増、体脂肪率↓増、おまけに便秘になり、体全体が何となく重たく感じたのに対し、主食を「魚」にしていた週は、体重↓減、体脂肪率↓減、そして毎日快便で、胃と腸の調子も絶好調だったのです。

この結果から、トレーナーさんに、私の体には「肉」よりも「魚」が合っていると言われたのですが、世の中には「肉」のほうが体に合っている人もたくさんいるようです。

そして、人も同じです。

自分と価値観や感性の近い人、そうでない人、考え方が似ている人、似ていない人など、合う合わないは必ずあります。育てていく部下の中にも自分と相性のよい人、よくない人がいると思います。するとどうしても考え方の合わない部下とは会話が減っていき、少しずつ距離ができてしまします。接し方や態度も雑になりがちです。反対に、相性のよい部下とは話しやすいですし、教えがいもあるため、もっと成長してほしいと肩入れしてしまったりするのですが、これらは端から見ると、「上司から気に入られた人はよくしてもらえて、気に入られないと無下に扱われる」ように見えてしまいます。

Ａさんとは話が合うけど、Ｂさんとはいつも言い合いっぽくなってしまうとか、Ｃさんとは趣味が同じで話が盛り上がるけど、Ｄさんは口数が少ないしあまり話が続かないとか、それはそれで仕方のないことだと思います。

ですが、だからといって、態度を変えてよいわけではありません。

私の直属の部下で、私とは正反対の考え方をもつ男性のスタッフがいます。彼とは、仕事の話をすれば意見が分かれてぶつかりますし、プライベートの話をすれば共感ポイントを見つけられず盛り上がりません。「私はこうしていきたい、だからこういった施策を実行したい」「いや、それは違うと思います、こうしたほうが絶対いいです」なんていう言い合いが、どちらかが折れるまで続きます。

だからといって、私は、決して彼を無下に扱ったりはしません。他のメンバーと同じくらい声をかけますし、ぶつかるとわかっていても話しかけますし、盛り上がらないとわかっていても話題を振ります。食事に誘うこともあります。

相性が合わないというだけで、決して彼を人として嫌いなわけでもなければ、お互いにお互いを悪く思っているわけでもないからです。

だからこそ、合う合わない、話しやすい話しにくい、相性がよい悪いに関係なく、1人の「部下」として、私は彼と距離を縮められるよう努力し、できる限り自分の価値観を押しつけないように、上手くやっていけたらと思っているわけです。

以前働いていた飲食店では、マネジャーに気に入られている人とそうでない人の待遇の差が激しく、好かれている人であれば、仕事中に裏で立ち話をしていても怒られないのですが、そうでない人が同じことをすると翌月のシフトをカットされてしまいます。仕事終りの賄いを食べるときに、好かれている人であればお店のワインを好きなだけ飲んでもよいのですが、もちろん嫌われている人はそんなことをしようものなら即解雇、という悲惨な職場がありました。

私は、マネジャーに好かれている側の人間でしたので、大きないじめには合いませんでしたが、新人がスタートすると必ず食事に誘い、職場の外で内情を伝え、気に入られるための方法をこそっと伝授していました。対応の差が露骨過ぎて見ていられなかったのです。

自分の好き嫌いや合う合わない、ましてやその日の気分によって、自分の部下に対する態度が変わっていないか、「人によって態度が違う」上司だと思われていないか、これを機に1度冷静に自分の態度を見直してみてはいかがでしょうか？

6　悪口・陰口を言わない

解決したいなら本人に直接言うべき

新宿のとある大衆居酒屋へ友人と飲みに行ったとき、私たちの席の左隣に、同じ会社で働いているらしい男性4名が「華金だ～！」と騒ぎながらジョッキをぐびぐび飲んでいました。盗み聞きをするつもりは毛頭なかったのですが、声のボリュームが大きい4人の話し声はよく聞こえてきたので、それとなく耳を傾けていると、「あの上司は教え方が悪い」だの、「うちの会社は教育システムがなってない」だの、上司の悪口や会社への不満をただつらつらと語っています。

納得できないことがあるなら直接上司に言えばいいのにと思うのですが、その勇気も転職する気力もないようで、結局、最後は「はぁ、来週もがんばりますか」と自分に言い聞かせるように吐き捨て、お店を出て行きました。

先日、荻窪にあるスターバックスでパソコンを開いて作業をしていると、隣に座っていた2人のおばちゃまが、これまたボリューミーな声量でおしゃべりをしていました。あまり詳しくはわかりませんでしたが、おそらく何とか老人会のメンバーの1人に気に入らない人がいるようで、「この間、こんなことがあったのよ、あの人ってホント性格悪いわよね～」「そうそう、こんなこともされて、気分悪かったわ～」等々、延々と誰かの悪口を話していました。

上司のいないところで上司に対しての文句を言っても、状況は何1つ変わりません。この教え方や指導方法はよくないと思う、こういった点がわかりづらいと感じる、こう改善してほしい等、直接上司と話し合えば、もしかしたら上司も何か変えてくれるかもしれませんし、すべての要望が通らなかったとしても、納得のいく話合いができるかもしれません。

少なくとも、何もしなければ、自分は苦しいままで、自動的に環境がよくなっていくことはありませんので、何も行動しないよりはプラスの方向に動いていくでしょう。

何とか老人会のメンバーの方は、もしかしたら悪気なくやっていることがあるかもしれません。よかれと思ってやっていたことが、コミュニケーション不足により、一部のメンバーに不信感を持たれているだけかもしれません。

「先日の○○さんのこの行動、私はあまりよく感じなかったんだよね」と素直に伝えてあげるだけで、解決することもあるかもしれません。

育成していく中で、「何でコイツはこんなにミスが多いんだ」「なぜこんなに数字が低いんだ」と部下に対して感じてしまうネガティブな感情を、どこかに吐き出したい気持ちはよくわかります。「同じ時期に入社したあの子はこんなにできるのに」と、隣の部署が青く見えてしまうこともあるでしょうし、「自分はこんなに一生懸命教育してやってるのに」と、苛立ってしまうこともあると思います。

しかし、それらを飲みの席でダラダラと話したり、本人のいないところで陰口のように言うのはやはりよくありません。

仕事の覚えが悪く、教えても教えてもまた同じことを聞いてくるスタッフ（以下、Ｌさん）が私の直属の組織にいました。

さすがの私もお手上げ状態で、そろそろ部署異動でもさせようかと考えていたときに、「何でＬさんってあんなにできが悪いんだろう。他の部署に異動してもらったほうがいいかな」と別のスタッフに相談すると、「小串さん、最近Ｌさんは話してます？　Ｌさんは、小串さんの下でこれからも働いていきたいと思って陰げですごく頑張ってるんですよ。覚えは確かに悪いし、仕事もまだ全然できないけど、お昼休憩も返上して勉強してたり、業務後も家でノートまとめたり、いろいろやってるんですよ」と言われ、ハッとしました。

私は、Ｌさんと話してもどうせ状況は変わっていかないだろうと勝手に諦め、直接会話することを避けていただけでなく、無意識に他のメンバーにLさんは仕事ができないと愚痴を言っていたのです。

上手くいっている人を見つけてマネる

芸能人の浮気や不倫が最近よくニュースになっています。おまけに3組に1組は離婚すると言われている時代ではありますが、反面、おしどり夫婦と言われている方々も世の中にはたくさんいますし、おじいちゃんおばあちゃんになっても、仲よく手を繋いで公園を歩いている老夫婦をたまに見かけたりします。

お笑いコンビ・よゐこの浜口優さんとタレントの南明奈さんは、お付合いを始めた約7年前から結婚生活をスタートさせた現在まで、1度も喧嘩をしたことがないそうです。

つまり、どんな時代でも、上手くいっている人たちは必ずいます。

同じ時代、同じような労働環境下で、同じような世代を育成し、理想のチームをつくり上げている育成者が必ずいます。

「ゆとり世代は忍耐力がない」「今の20代はすぐ転職したがるから指導が難しい」「すぐパワハラだの言われるから面倒くさい」等々、何だかんだ言い訳をして、原因を外に向け、人の悪口ばかり言っていても仕方ありません。上手くいかないことを嘆き、他人の悪口を吐く前に、上手くいっている人たちのやり方をマネてみてはいかがでしょうか。

他人は変えられません。変えられるのは自分だけです。

7　謙虚である

失敗は自分のせい、成功は他人のおかげ

たまたま立ち寄った渋谷の宮益坂にあるカフェで、コーヒーを飲みながら時間を潰していたときに、店長らしき男性がアルバイトの子を「あれしといて、あれ」と顎で使っていましたが、何て横柄な態度だと私はとても不快に感じました。

権力を振りかざして目下の人を雑に扱うような人が、周りの人から慕われ、成功していけるわけがありません。

以前に本で読んだことがあるのですが、「謙虚というのは、ただ単に人に頭を下げることではなくて、自分の人生に起きていることのすべては、一切自分でつくることはできないと心の底から理解していること」を言うのだそうです。

つまり、人に頭を下げるのではなく、自然と人に対して頭が下がるのです。

今の自分の地位や権力というのは、すべて自分の力〝だけ〟で成し遂げた結果でしょうか？　おそらく違うはずです。今日までの間にいろんな方々にお世話になったはずです。

業務を1から教えてくれた仕事の先輩、自分のミスをカバーしたり時には尻ぬぐいをしてくれた上司、辛いときに励まし支え合った同期や、尊敬できる仲間や友人、陰ながら応援してくれた両親

や彼女彼氏、どこかの誰かが書いたブログや著名人の名言、芸能人のがむしゃらな姿や、そういったいろんなものに、今日この瞬間まで支えてられてきたはずです。自分1人の力だけで這い上がってきた！　という方は少ないのではないでしょうか。

感謝を忘れない

数百人の部下をもち、20年以上経営を続けられている知合いの社長は、「すごいですね」「さすがですね」といつも誰かに褒められると、必ずこう言います。

「私は何もすごくありません。スタッフがいなかったら、私はただの面白いおじさんです。スタッフの皆がいてくれるから、私は社長として仕事ができるのです」。

心の底から本気でそう思い、スタッフの1人ひとりに感謝をし、日々仕事に向き合っているのです。

「実るほど頭を垂れる稲穂かな」ということわざがあります。稲が実を熟すほど穂が垂れ下がるように、人間も学問や徳が深まるにつれ謙虚になり、小人物ほど尊大に振る舞うものだということを教えているのです。

パナソニックを一代で世界的な大企業へと成長させた松下幸之助も、この「実るほど頭を垂れる稲穂かな」を信条として、商売だけでなく人の生きる道として志していました。

オフィスの中で一番謙虚な人でありましょう。

第3章　部下と接するときのポイント

1　背もたれにもたれない

メラビアンの法則

想像してください。

明らかに顔色が悪く、具合の悪そうなスタッフがあなたの組織にいたとします。心配になったあなたは、「顔色が悪いけど、大丈夫？　体調悪いの？」と声をかけるのですが、そのスタッフは俯きながら小声でぼそぼそと、「いいえ、元気です。どこも悪くありません」と答えます。

この状況で、あなたはスタッフの「元気です」という言葉の内容を信じますか？

おそらく、言葉の内容（「元気です」「どこも悪くありません」）よりも、視覚的要素（顔色が悪い、俯いている）や聴覚的要素（小声、ぼそぼそ覇気のない感じ）から、本当に大丈夫だろうかと違和感を感じるでしょう。

例えば、自分が仕事でミスをしてしまったときに、「大丈夫だよ、誰だってミスすることはあるから」と上司がフォローしてくれても、その上司が目も合わせてくれず、無表情のまま低い声のトーンで淡々と話されたら、本当はものすごく怒っているのではないか？　と不安になるでしょう。

人は、言葉の内容よりも、視覚的要素・聴覚的要素からより多くの情報を得ているのです。

これをメラビアンの法則と言います。

１９７１年にアメリカの心理学者アルバート・メラビアンが発表した概念で、別名「３Ｖの法則」「７―38―55ルール」とも呼ばれています。話し手が聞き手に与える影響について説いたもので、他人とコミュニケーションを取るとき、視覚的要素・聴覚的要素・言葉の内容の３つの情報から判断しているとされています。

※３Ｖ＝Ｖｉｓｕａｌ（視覚）、Ｖｏｃａｌ（聴覚）、Ｖｅｒｂａｌ（言語）。

見た目／表情／ジェスチャーなどの視覚的要素が55％、声のトーン／話すスピード／間の長さ／声の大きさなどの聴覚的要素が38％、そして言葉の内容が７％だと言われています。

つまり、先ほどの例のように、話している内容と表情や話し方が矛盾していた場合、視覚的情報や聴覚的情報のほうを重く受け止めるのです。

話を聞く〝態度〟に気をつける

人と話をするときに、言葉の選び方や言葉遣い、話す内容などを意識している人はたくさんいますが、どれだけ丁寧な言葉を使っても、どれだけ誠実に対応したとしても、その話すときの態度や話を聞くときの姿勢（視覚的要素）が悪いと、それだけでマイナスなイメージを相手に与えてしまうのです。

腕や足を組み、背もたれにもたれながら部下と話をしている人がいます。これでは、どれだけ正しいことを伝えていても、横柄な態度に見え、よくない印象を与えてしまいます。真剣に話を聞こうと心では思っていても、部下からは「話を聞く気はあるのか?」、もしくは「話をきちんと聞いていないのでは」と思われてしまいます。

業務に追われ、それはそれはとても忙しいタイミングで、「ちょっとお時間いいですか？　わからないことがあって」と部下から声をかけられたある先輩社員は、作業の手を止めずに、パソコンを凝視しながら、「いいよ、何？」とぶっきらぼうに答えていましたが、部下は本当に話を続けてよいのかわからず、戸惑っていました。

私は、その先輩社員をすぐに呼び出し、部下に話しかけられたら、どれだけ業務が忙しくても、必ず手を止め、相手の目を見て話を聞くように指導しました。

話を聞くときは、体ごと相手のほうに向け、少し前のめりになるくらいの姿勢でちょうどよく、そうすることによって、相手は「話を真剣に聞こうとしてくれているんだ」と好印象を受け、話しやすくなります。

作業しながら指示が出せる人もいるでしょうが、そういう問題ではありません。

部下と話が弾まない、仕事以外で何を話していいかわからない、部下が心を開いてくれない、距離がなかなか縮まらない等々、人材育成を行っている方々からよく相談を受けますが、部下に対してどういった態度で接しているか、どんな姿勢で対応しているか、今1度考えてみてください。

上司が腕組みをしているだけで、威圧感を感じるものです。

上司が背もたれにもたれているだけで、話しづらくなってしまうのです。

2　笑顔でおだやかに

無表情は「怖い」という印象を与える

前述したメラビアンの法則にあるとおり、言葉の内容よりも視覚的な要素が聞き手に大きく影響を与えています。普段よほど意識をしていないと、無表情でいることのほうが多いと思うのですが、笑顔1つあるかないかによって、部下が受け取る印象は全く違うものになります。

少しニコッとするだけでも印象は大きく変わり、それだけで部下はあなたに声をかけやすくなり、話しやすいと感じ、好感を持ってくれるようになります。

新宿から乗る電車は、どの時間帯も混んでいて、席が空いていることは少なく立って乗ることが多いのですが、先日たまたま私の隣でつり革を掴んでいたのは50代くらいのおばさんでした。携帯をいじるでもなく、本を読むでもなく、ただただ無表情で外を見つめるおばさんの顔を見て、怖そうな人だなぁと勝手に先入観を持っていると、電車が大きく揺れて、反動で私はそのおばさんの足をちょっとだけ踏んでしまいました。

いちゃもんつけられたらどうしようと思いつつ、「すみません」と謝ると、おばさんはニコッと笑って「大丈夫ですよ」と返してくれました。表情のない真顔からは想像もしていなかったくらい優しそうに笑うので、拍子抜けしてしまったのと同時に、その方の第一印象が一瞬で変わりました。

どれだけ顔が整っている人でも、美人さんでも、イケメンでも、無表情な人は近寄りがたく、「怖い」と感じさせてしまったり、苦手意識を持たれてしまうことがあるのです。

部下と接する際、無表情だったり、少しばかり眉間にしわが寄っていたりしませんか？

部下が話しやすくなるよう、威圧感を与えないような表情で対応していますか？

笑顔を意識する

仕事をしている中で笑うことなんてめったにないですよね。どちらかというと、毎日業務に追われ、月末になるとピリついた空気をつくってしまったり、部下の小さなミスや当たり前過ぎる質問の数々にイライラしていることのほうが多いのではないでしょうか。そして、その感情がそのまま表情に出てしまっていることも少なくないでしょう。

「笑顔」は、意識していないとつくれません。

数年前の深夜にやっていたテレビ番組で（名前は覚えていません）、ある女性タレントの方が笑うことが苦手だったと告白しており、その笑顔をつくる練習として、毎日割りばしを咥えて無理やり口角を上げていたとお話されていました。

口角を少し上げるだけでも印象は変わり、笑っていなくても相手に話しやすい雰囲気を感じてもらえるようになります。無表情でいる時間を減らし、部下から声をかけられたら、まずは少しばかり口角を上げてみるところからスタートしてみてはいかがでしょうか。

3　話を遮らない

先回り、先読みしない

弊社には、すぐに話を遮ってしまう男性スタッフがいます。悪気があるわけではないのですが、せっかちな性格のため、早く結論を知りたいのでしょう。

言葉足らずな部下や自分の感情や思いをうまく言葉にできない後輩と話をしていると、いつも「うんうんうん」とか「はいはいはい」と若干被せ気味に早口な相槌を打って追込みをかけています。部下は、早く話さなければと焦ることで余計に空回りし、適切な言葉が出てこない、という現場をたまに見かけます。

また、彼は、おそらく頭の回転が速いのでしょう。相手から発せられたいくつかの言葉や話し方から、「伝えたいのってこういう内容だよね？」と先回りしてしまうことがよくあり、相手がまだ最後まで話し終えていないのに、途中で「要はこうでしょ？　だったら解決策は…」と話を進めてしまいます。

さらに、普段はせっかちでなくても、業務が忙しく数字や時間に追われている時期は、誰しも余裕がなくなってしまいます。そうすると、部下の話を聞いてあげなければと思う反面、早く終わらせたいという気持ちが先行してしまったり、「こっちは仕事がまだ残ってるんだ！」とイライラしてしまい、つい「だから何？」と結論を急いで話に割って入ってしまうなんてことはないでしょうか？

たとえ相手の話が支離滅裂でわかりづらくても、話が長くなりそうでも、相手の発言の中に間違いがありすぐに正したいと思っても、一旦我慢して、最後まで聞いてあげてください。

私も、以前はよく相手の話を遮ってしまうことがありましたが、実は、他部署の人間から「小串さんって、たまに人の話を遮ることあるよね」と指摘を受けるまで、全く気づいていませんでした。そのため、人の話を遮ってしまうこの癖の付直しを始めたのですが、最初の数週間は、意識して遮らないようにしていても、つい口を挟んでしまうことが何度もありました。「あ、今遮っちゃったな」と気づいたら、焦らず素直に「ごめん、話を続けて」と相手に主導権を戻すという行動を何度も繰り返し、数か月経ってやっと、意識せずとも遮らずに話を聞けるようになっていきました。

最初は、慣れないのでむず痒く感じてしまうこともあるかもしれませんが、「話を遮らない」癖がついてしまえばこちらのものです。

時間管理を徹底することで余裕が生まれる

しかし、何時間も部下の相談事に時間を割けるわけではもちろんありません。1日は24時間しかなく、業務時間もやみくもに伸ばせるわけではありません。自分の業務を時間内に確実に終わらせ、なおかつ部下の話もしっかりと聞く時間をつくるためには、自分の仕事効率を上げることと、もう1つ「時間管理」がポイントになってきます。

きょうは何時にオフィスを出たいのか、そこから逆算してあと何時間あるか、自分の残りの業務にかかる時間をそこから引いて、その残りが部下のために使えるＭＡＸの時間になります。

きょう面談予定の部下が大体何人いるかを把握し、人数で割って１人何分くらい時間をかけられるかを、あらかじめ自分自身が把握しておきます。


(例)　夕方16時頃、終業まで約２時間。
・自分の業務にかかる時間が１時間30分。
・(面談、仕事の相談など)話す時間を確保したい部下が３人。
・２時間－１時間30分＝30分÷３人＝10分。

(例)　夕方16時頃、終業まで約２時間。
・自分の業務にかかる時間が30分。
・話す時間を確保したい部下が３人。
・２時間－30分＝１時間30分÷３人＝30分。

１人に対して20分以上時間を確保できない場合には、先に「きょうは10分くらいしか時間取れないかもしれないんだけど、大丈夫？」と時間を伝えておくと、相手も要点をまとめて簡潔に話そうと努力してくれますし、もしそれ以上の時間がほしい(深刻な悩みなど)場合には、確実に20分以上確保できる日にちを相手に伝え、予定をあらかじめ空けておくようにします。

部下に割ける時間を把握せず、ただ闇雲に話を聞いていると、残業になってしまったり、場合によっては業務が期日内に終わらせられないなどの支障が出てきます。

細かなタスク管理や時間管理を行い、常に自分にも部下に対しても余裕をもって行動することをおすすめします。

4　名前を呼ぶ

名前は最高のアイデンティティ

カップルの中には、付合いが長くなるとお互いに名前を呼ばなくなり、「ねえ」とか、「おい」というような呼びかけばかりになってしまったり、長年連れ添った夫婦ともなると、奥さんのことを「お前」、旦那さんのことを「あなた」なんて呼び合ったりしていて、お互いの名前を呼び合う機会はどんどんなくなっていきます。それが悪いことだとは思いませんが、実際にお互いの名前を呼び合わないカップルの破局率は高く、逆に、お互いに名前を呼び合っているカップルは長続きする傾向があると言われています。

結婚後もラブラブなご夫婦の中には、「子どもができたあとでも、2人だけで奥さんとデートをするときは、付き合ってた頃のように名前で呼び合う」というご夫婦もいれば、2人で決めたあだ名で呼び合っていることも多いようです。森三中の大島美幸さんは、旦那の鈴木おさむさんのことを「むーたん」と呼び、鈴木おさむさんは大島さんのことを「みーたん」と呼ぶそうですが、この呼び名を決めてから、夫婦の距離が縮まり、仲がよくなったそうです。

人は、自分の名前を呼んでくれる人に好感を持つ傾向があります。

ホテルや旅館で「○○様、長旅お疲れさまでした」と名前を呼んでもらえると、ちょっぴり嬉しい気持ちになりませんか？

仕事でも、部下の「名前を呼ぶ」ことを徹底するだけで、部下はあなたに親近感を抱くようになります。

デール・カーネギーの「人を動かす（HOW TO WIN FRIENDS AND INFLUENCE PEOPLE）」でも、名前を覚えることの大切さについて何頁にもわたって説明されています。

『初対面の人に紹介され、二、三分間しゃべり、さて、さようならをするときになって、相手の名を思い出せない場合がよくあるものだ。「有権者の名前を覚えること——それが、政治的手腕というものである。それを忘れることは、すなわち、忘れられることである」——これは、政治家の学ぶべき第一課である』。

（D・カーネギー著　山口博訳「新装版　人を動かす」創元社刊　より引用）

朝一と帰宅時がおすすめ

ただし、闇雲にただ名前を連呼すればよいというものではなく、名前を呼び過ぎると逆に不快に感じさせてしまったり、何か下心があるのではないかと怪しまれてしまうので、気をつけましょう。

これまであまり部下の名前を呼んでいなかった方は、小っ恥ずかしくてなかなか言えないと感じてしまうと思いますが、そんな方でも明日からすぐに始められる名前を呼ぶタイミングをお教えします。

それは、「朝一」と「帰宅時」です。朝と帰りの挨拶は誰とでもしますよね。その挨拶の前後に相手の名前をくっつけて呼んであげるんです。「○○さん、おはよう」「お疲れさま、○○君」という形であれば、かなり自然に呼べますし、これまで名前を呼んでいなかった人でも大きな抵抗なくできるはずです。

ちなみに、この「朝一」と「帰宅時」というのは、実は「初頭効果」と「親近効果」という心理効果をうまく使った方法でもあります。

初頭効果とは、最初に与えられた情報や印象が記憶に残りやすくいというもので、第一印象が強く記憶に残るのも、この初頭効果の1つだと言われています。

親近効果とは、初頭効果とは真逆の効果のことで、最後に与えられた情報や印象が記憶に残りやすいというものです。営業の会社では、必ずといってよいほど「去り際が大切」だと教わるかと思いますが、それはこの親近効果を高めるための行為です。

会話の中で何度も相手の名前を言う必要はありませんが、業務中は「おい」「ねえ」といった呼びかけになってしまっていたり、呼びかけすらなく、「これやっておいて」「あれどうなった?」と要件からいきなり会話が始まったりすることも多いかと思います。

1日に1度も相手の名前を呼ばない、なんていう日がありませんか?

まずは朝と帰りの挨拶から、始めてみることをおすすめします。

5　専門用語を使わない

伝わらなければコミュニケーションは成立しない

私は、現在、アブクラックスを目指して奮闘しており、ジムでのトレーニングだけではなく、家でも決まったストレッチと筋トレを1日おきに行っています。私の場合は、内側ハムストリングスがものすごく硬いので、まずその部分を伸ばすストレッチを先に行ってから次の順で筋トレをします。

・スクワット10回×３セット
・ロシアンツイスト10回×３セット
・レッグレイズ５回×２セット
・プランク1分×２セット

筋トレや体づくりに精通している方であれば、この説明でもどんなトレーニングを行っているかイメージできると思うのですが、そうでない方だと、このように専門用語ばかりでは訳がわからないと思います。

今年に入ってから、ダイエット関連のビジネスを新しく始めました。痩せたい願望のある友人に毎週食べたものをリストアップして送ってもらい、食事に関するアドバイスをしているのですが、全く同じアドバイスをするとしても、相手によって言葉を使い分けています。

もともと運動や筋トレに興味のある人や、栄養について詳しい友人であれば、「糖質の低いものを選んで食べるようにしてください」と伝えるだけで、ある程度どんな食べ物は食べてもOKで、どんなものは避けたほうがよいのかが伝わります。しかし、今回初めてダイエットに挑戦する友人やこれまで運動や栄養に関して無頓着だった人には、同じ言葉で伝えても、そもそも糖質とはどんな食べ物に入っているものなのかがわからないので、結局、どんなものを食べたほうがよいか、どんなものは避けたほうがよいのかがわからず、体重も減っていかないという事象が起こります。

例えば、「小麦粉はダメですよ」と伝えると、お好み焼きを避けてカロリーメイトを食べてしまったりするのです。そのため、具体的に避けてほしい食べ物をリストアップして送り、「これらを食べないでください」と指示を出します。積極的に食べてほしいものは、どういった栄養素が含まれているのかを併せて詳しく説明し、「これらは食べても大丈夫ですよ」と伝えます。

相手によって言葉を選択する

相手の理解度に合わせて言葉を選ぶことでコミュニケーションはより円滑に運び、伝えたい内容がしっかりと伝わるようになります。また、伝えた伝えてない、聞いた聞いてないといったミスコミュニケーションによる事故を防ぐだけでなく、話す内容によっては自然と盛り上がり、部下との関係性がよくなることもあります。専門用語ばかりだと相手にストレスを与えてしまうこともあるので、自分の使いやすい言葉ではなく、相手がよく使っている言葉を選び、会話を進めるようにしましょう。

稀に、自分が知っている用語を自慢げに話している人がいますが、相手がその言葉の意味を理解していなければ、コミュニケーションのキャッチボールは成立していないのと同じですし、相手に不快感を与えてしまうので気をつけましょう。

先日、「弊社ではこんなサービスを提供しています、よければ1度お話を」といった決まり文句の営業メールが会社宛てに送られてきました。そのメールには、企業のＨＰが添付されていたので確認してみたのですが、造語や専門用語がちりばめられていて、結局、何がどうよくなるのか、今の業務のどこの部分を置き換えてくれるのかが全くわからず、お断りをさせていただきました。

例えば、自分も部下も長く同じ業界に勤めており、お互いが精通している分野の話をする際に専門用語や業界用語を使うのはよいと思います。しかし、自分と育ってきた環境も世代も違う部下を育成するときに、わざわざ専門用語を使用する必要はありませんし、業界用語を〝使わなければならない〟場面などそうそうないでしょう。

もちろん、専門用語を知っておくことは必要ですが、相手に合わせてかみ砕いて説明ができるようにしておくとよいです。

若者言葉を知らないのと同じ

部下と話をするときに、無意識に自分のよく使っている言葉を使って会話をしていたり、このくらいの言葉は知っているだろうと業界用語を会話の中で使っている人がいますが、若者が当たり前に使っている言葉を大人が知らないように、上司が当たり前に知っている言葉を新入社員や20代の子たちは使ったことすらないのです。

私の父親（50代）は、毎朝当たり前のように新聞を読みますが、私は1度も新聞を読んだことがありません。毎年1月に日本新聞協会が発表している日本の新聞発行部数によると、14年連続で購読者数は減っており、ピーク時から減少を続け、全く歯止めがかかる様子が見えないと述べています。

つまり、活字を読む機会は年々減っており、新聞を読んでいれば当たり前に知っているはずの言葉を知らないまま、難しい言い回しはもちろんのこと、専門的な用語など触れたことすらないまま、生活ができてしまっているのです。

逆に、年配の方にとって、今の中高生が使う「若者言葉」は、意味不明なものが多いでしょう。「了解」を「り」の一文字で表したり（ちなみに、私が学生時代の頃は「りょ」でした）、「フロリダ」とは「お風呂に入るから離脱します」という意味であったり、文字そのものからは想像に難しいものが多いです。私は、「ぴえん」を初めて聞いたときには、何を意味しているのか皆目見当もつきませんでした。

このように、当たり前のように知っているものや使っている言葉は、時代の変化とともに変わってきています。今の中高生が使う「若者言葉」を会話に盛り込まれても理解できないように、部下も上司が当たり前に使う言葉を理解できないのです。

第4章　部下の立場になって考える

1　褒める：叱る＝8：2【褒めて伸ばす】

「知っている」から「できる」わけではない

「知っている」と「できる」の間には大きな溝があります。知っているからといってそれがすぐにできるようになるわけではなく、学んだあとにある程度の反復練習が必要であったり、失敗と経験を繰り返す中で身についていくものもあります。

サッカーの説明書を読んで、試合のルールやボールの蹴り方をすべて知識として覚えたからといって、いきなり試合に出てそれらを実行できるわけではないのと同じように、部下もＯＪＴで教えたことや日々アドバイスしたことをすべていきなり実践できるわけではなく、ある程度の習得期間が必要なのです。

では、学ぶ時間と習得するまでの時間、どちらが長いかというと、圧倒的に習得するまでにかかる時間のほうが長いです。

褒めて成長を実感させる

私は、学生時代、バドミントン部に所属していました。1年生の頃は、基本的に筋トレと素振りの練習というひたすら地味な作業の繰返しです。腹筋、背筋、腕立て、そして後の時間はラケットを上から下へ振り続けるのみです。基礎体力がついていない状態では、当たり前ですがコートにすら入れません。２年生になると、実際にシャトルを打って練習する時間が増えます。私は、ただラケットの側面をシャトルに当てて打てばいいと思っていたのですが、実際は全く違いました。ラケットを縦に持ち、シャトルに当たる瞬間に手首を返して打つのです。スマッシュは、腕を振り抜き力づくで打つのではなく、手首の返しを使って打ち、腕に力が入っていると逆に早い球は打てないのです。知識として頭に入れることはすぐできても、身につけるまでは毎日の地道な練習を続けるほかありません。

何度練習しても、部活の先輩に実際に打ち方を間近で見せてもらっても、いざ自分やってみると全然違うフォームになっていたり、ラケットにシャトルが当たらなかったりします。頭の中では動きのイメージができているのに、実際にできるようになるまでには、結構な時間がかかりました。

正しいラケットの持ち方を身につけ、手首の返し方を体が覚えるまでは、２年生であっても練習試合には出させてもらえません。

なかなか成長している時間も湧かないため、退部してしまうメンバーもいました。しかし、私が当時恵まれていたなと思うのは、部活の先輩方が毎日のように褒めてくれていたことです。

「前は50回腹筋をやっただけでバテていたのに、きょうはちょっと表情に余裕があるね！」

「昨日より素振りよくなってるよ！　これなら試合でも通用しそうだね！」

「手首の返し方がうまくなってるね！　速いスマッシュが打てそう！」

そんな風に毎日褒めてくれた人たちがいたので、少しずつでも前進しているのかなと小さな喜びを味わえました。「また明日も頑張ろう！」という活力が生まれました。

これが、褒めてくれる人も、自分のことを見てくれる人もおらず、ただただ筋トレと素振りを繰り返す毎日を1年間続けなければならなかったとしたら、私も途中で部活を辞めていたかもしれません。

仕事も同じです。実績も経験もない新人時代は、ひたすら地味な作業の繰返しになります。成長しているのかしていないのか、本人が一番不安です。そんな中、上司からは繰り返してしまうミスについて詰められ、報連相ができていないことを指摘され、少しばかり仕事ができるようになったところで、「できて当たり前だ」と言われてしまいます。

期待されている部下であればあるほど、指摘の量は増え、指導にも熱が入りますが、当の本人は言われれば言われるほど自信を失っていき、やがてできるイメージすら湧かなくなってしまうのです。

「やってみせ、言って聞かせて、させてみせ、ほめてやらねば、人は動かじ」。

これは、連合艦隊司令長官の山本五十六さんの名言の1つで、耳にしたことのある方も多いと思います。

目線を下げ、小さな変化に気づき、部下を褒めてあげてください。

ミスが1つ減っただけでも、報告が少しばかり早くなっただけでも、部下にとっては大きな進歩なのです。上司から褒められることで、部下は成長していることを実感できます。それだけで「明日も頑張ろう」と思えるのです。

2　褒める：叱る＝8：2【叱ってばかりでは自信を失う】

褒めてばかりでもダメ

褒めると叱るの割合は、【褒める：叱る＝８：２】が理想です。

褒めて、褒めて、褒めて、褒めて、褒めて、叱る、褒めて、褒めて、褒めて、叱る。

基本は、褒めて伸ばし、褒めて自信をつけさせ、褒めて承認し、褒めてやる気を出させます。

ただし、仕事は遊びでありません。お客様がいます。お金も動いています。上司として、部下を叱らなければならない出来事も発生します。

第1章で記述したように、部下を1人前の社会人として育成するためには、叱るべきときに叱らねばなりません。場合によっては､道を正すために嫌われ役にならないといけないときもあります。

新人や社会人経験の浅い部下であれば、失敗から学ぶことも多いはずですので、なぜ失敗したのか、何が間違っていたのか、どうすべきだったのか等、向き合うべき問題としっかり向き合わせることも上司の仕事です。

叱ってばかりでもダメ

私は、部下に対して、私自身が描く〝理想の部下像〟というものを勝手に相手に押しつけ、勝手に期待をし、「お前ならもっとできるはずだ！」と叱ってばかりいました。できていないところをハッキリと相手に伝えてあげたほうが部下のためになると思い、よかれと思ってやっていたのですが、この育成方法を続けた結果、何が起こったかというと、私の部下は次々と会社を辞めていきました。

毎回毎回話す度に「あれもできてない」「これもできていない」とダメ出しばかりされ、毎日のようにやることなすこと指摘され続けたら、誰だって自信を失います。私は、部下を叱っていたのではなく、自信を奪っていたのです。

そんな簡単なことにすら、人材育成を始めた当初は、全く気づいていませんでした。「いやいや、成長できるポイントなんだから、改善に向けて頑張ればいいじゃないか！」くらいにしか考えていませんでしたし、「いずれどこかで注意されることなのだから、さっさと改善してしまったほうがいいだろう」と思っていたのです。

しかし、20年以上経営を続ける先輩社長から、人材育成のプロとは「自信を育てるのが上手い人」だとアドバイスをいただき、私が部下に対して行っていたのはその真逆の言動だったと気づかされたのです。

叱られてばかりでは、やがて自信を失います。自信がなくなってしまったら、積極的な発言や行動を控えるようになってしまいます。そして、叱られないよう上司からの指示にのみ忠実に従うような主体性のない人間となってしまいます。

1人前の社会人を育てているつもりで、私は指示がないと動けない機械のような人間を育てていたんだと深く反省をしました。

期待し過ぎてもダメ

人材育成をしていく中で、相手にもっと成長してほしいと強く思えば思うほど、相手に対する期待値が高まり、その人の足りない部分がやたらと目につくようになります。

・もっと堂々としていてほしい
・もっとハキハキ話してほしい
・もっと明るくなってほしい
・もっとハードワークしてほしい
・もっと学びにきてほしい

そんな風に、「もっと」「もっと」と高いレベルを相手に求めるようになるため、その部下がそれまでにできるようになったことや成長した部分よりも、足りない部分のほうが気になってしまうのです。

特に、相手に対する期待も、こうなってほしいという理想像もなければ、たとえミーティングが下手くそであっても、たとえ同じような質問を何度されようとも、「新人さんだし、ミーティングが上手くなくて当然か」「社会人としてはまだ経験値が低いし、同じことを質問されても仕方ないか」と何も思わないのですが、期待しているが故に、そのレベルの仕事ができていないと勝手に、「ミーティング下手くそだなぁ、何でもっと上手くできないの？」「何でこんなことも質問してくるかなぁ、ちょっと考えたらすぐわかるじゃん…」とイライラしてしまったり、成長してほしいが故にマイナスな部分がたくさん見えてしまうのです。

相手に対する期待値が高くなり、理想と現実とのギャップが大きくなってしまうと、過去の私のように「アレできてないよね」「コレできてないよね」「何でこんなこともできないの？」とその部下に注意することばかりで、やがてその部下と話す内容のほとんどが、〝できてないこと〟〝足りないところ〟になってしまいます。相手に期待しているからこそ、相手に成長してほしいからこその事象なのですが、ついこういった会話が多くなってしまいます。

自信の育てられなかった部下は、業務ができるようになっても、いつまで経っても独り立ちができません。後ろ盾のある安全なポジションでの仕事しかできなくなってしまいます。

3　パワハラと言われてしまう理由

パワハラの定義

どこからがパワハラなのかの線引きは難しく、厚生労働省が発表した定義を読んでも、結局曖昧な表現しかされておらず、似たような行為であっても、パワハラになってしまうケースとそうならないケースがあるようです。

厚生労働省は、次の①〜③の要素をすべて満たすものを職場のパワーハラスメントの概念とすると定義しています。

①　優位的な関係に基づいて行われること
②　業務の適正な範囲を超えて行われること
③　身体的もしくは精神的な苦痛を与えること、または就業環境を害すること

また、パワハラに該当しないとした事例についても、次のような記載があります。

①　暴行・傷害（誤ってぶつかる）
②　精神的な攻撃（マナーを欠いた言動や行動を何度注意しても改善しない場合に強く注意）
③　人間関係からの切離し（新規採用者の育成で短期集中研修などを個室で実施）
④　過大な要求（育成のため少し高いレベルの業務を任せる）
⑤　過少な要求（労働者の能力に応じ、業務内容や量を軽減）
⑥　個の侵害（労働者への配慮を目的に家族の状況などを聞取り）

私は、小さなミスがなかなか減らず、毎日のように叱られている20代の女性スタッフを、一旦通常業務から外し、少しばかり簡単な事務作業のほうをメインに任せることにしました。毎日叱られてばかりでは嫌気がさしてしまうのではないか、自信を失ってしまうのではと思い、簡単な業務を行う中で、少しでも成功体験（ミスなくできた！　という体験）をしてほしかったのです。

しかし、彼女は、簡単な業務を任されたことにより、会社のお荷物になっているのではないかという不安が生まれ、その不安はやがて「どうして自分だけババにされないといけないんだ」という

不満に変わり、やがて会社を辞めていきました。

私は、彼女を会社のお荷物だなんて1度も思ったことはなく、誰しも苦手分野があるため、不得意な仕事であれば習得するまでに時間のかかることは承知でしたし、彼女が失敗体験を積んでしまうことで自信を失わないようにとの思いで決断したことだったのですが、彼女の視点からはそうは見えていなかったのです。

つまり、私の中では、「パワハラに該当しないとした事例」の⑤過少な要求（労働者の能力に応じ、業務内容や量を軽減）という認識だったのですが、彼女の中では、①優位的な関係に基づいて行われること（上司である私が）、②業務の適正な範囲を超えて行われること（彼女を辞めさせようと企んで）、③身体的もしくは精神的な苦痛を与えること、または就業環境を害すること（精神的に辛い仕事を任せている）と考えていたわけです。

視点が違うことを認識しておく

こういった認識の違いが起きてしまった理由の1つとして、視点の高さの違いが挙げられます。視点が違えば見える範囲も違いますし、視野の広さも人によって違います。

私は、中学生のとき、イジメに遭いました。クラスメイトからの悪口はもちろんのこと、ふで箱やカバンなどの所有物が隠されたり、ゴミ箱に捨てられていることも、露骨に無視されることも多々ありました。当時はそれが辛くて、校内に入ると息を吸うのも苦しくて、やがて学校に行けなくなってしまい、不登校になってしまった時期もありました。

しかし、もし〝今〟の私がタイムスリップをして中学生に戻り、同じようにクラスメイトからイジメに遭ったとしたら、おそらく欠片も気にしないと思います。中学の同級生と死ぬまで一緒に生きていくわけではないですし、彼ら彼女らに嫌われたところで私の人生に何の影響もないことを知っていますから、悪口を言われようが無視されようが、落込みすらしないでしょう。

新人や社会人経験の浅いスタッフにとって、今目の前に起こっていることがすべてなのです。中学生だった頃の私がイジメに遭い、息苦しくなってしまうほど悩んだように、彼ら彼女らの目には今目の前で起こっている出来事が自分の人生を左右するほど大きな物事に映っているのです。

当時の私が人生を俯瞰して見られなかったように、彼ら彼女らもまた、会社全体の動きであったり、社会人として一人前になっていくまでの長い過程を俯瞰して見られていないのです。何年も社会人を経験して、その後に、「あのときの上司の発言にはこういった意図があったのか」と初めて理解できることがあったり、「あのとき、あそこまで自分を追い込まなくてもよかったな」と広い視野から気づけることはありますが、その時その瞬間は、眼の前しか見えていないのです。

つまり、社会人として数々の経験と失敗を重ね、育成を任されている上司と部下とでは、視点が違い、視野の広さが全く違うということを念頭に置いておいてください。

上司から見えている景色が、部下からは全く見えていないのです。

そのため、何かしら動きや変化があるときには、丁寧に相手の視点までおりて説明することが必要です。連絡事項としてさらっと事実だけを伝えるだけで終わらせてしまうと、部下に不安や不満を抱かせてしまいかねません。「なぜ」「どうして」「どういった経緯で」など、部下が見えていない部分をきちんと解説し、納得してもらってから動くようにしましょう。

4　パワハラと思われないために

コミュニケーション不足が引き起こした事故

私は、2年ほど一緒に働いた20代男性のスタッフ（以下、Nさん）に、肩入れしていた時期がありました。教えたことをすぐに習得できる才能と、周りの人から好かれる愛嬌に加えて、素直さのあるNさんは、私だけでなく上層部の人間からも好評で、いずれ会社の柱になっていく存在だろうということで、入社半年も経たずに昇格しました。Nさんを育成するため、私はどんどん新しい仕事を任せていき、経験値を上げさせていました。

しかし、Nさんは、ある日、突然、私のデスクへ来て、退社届を出したのです。私は、状況をすぐには理解できず、開いた口が塞がらない状態でした。会社の皆から期待され、同期からは憧れられ、昇格スピードも誰よりも早い彼が辞めたくなる理由とは、いったい何なのか、皆目見当もつきませんでした。

彼は、素直に辞める理由を教えてくれました。

1つは、周りからの期待が重かったこと。プレッシャーを感じ、成長していくことに対する楽しみよりも、ミスをして失望されたらどうしようという不安との闘いに疲れてしまったこと。

そして、もう1つは、同期と任されている仕事の量や責任の重さが全く違うことに対しての不満。どうして自分だけどんどん新しい仕事をやらされないといけないのか、昇格して嬉しい気持ちがある反面、プレッシャーを感じずにのびのびと仕事をしているように見えた同期と比べ、どうして自分だけがこんなに大変なんだと。

私は、無意識に「彼なら大丈夫だろう。期待されてきっと喜んでいるだろう。彼ももっと昇格していきたいだろう」と勝手に思い込んで、彼の意志を確認せずに、どんどん仕事を任せていました。

私は、もっとNさんと話し合うべきでした。私が、どのレベルの仕事を、どういったスピード感で彼に任せていきたいのか、そうすることで今後Nさん自身がどういったスピード感で昇格していけるのか、どのくらい昇給していけるのかをきちんと段階を経て説明すべきでした。説明不足により、彼の不安は日に日に大きくなっていき、どこかのタイミングでそれらが不満へと変わってしまったのでしょう。

彼自身がどのくらいのレベルを任されたかったのか、どういったスピード感でステップアップしていきたかったのか、いつまでにどのくらい稼げるようになりたかったのか、それらをヒアリングした上で、お互いのゴールの認識を合わせるべきだったのです。

もし、彼から、これまでの私の行いについて、上司という立場を利用し（①優位的な関係に基づいて行われること）、過剰な量の仕事を任され（②業務の適正な範囲を超えて行われること）、精神的な苦痛を与えられた（③身体的もしくは精神的な苦痛を与えること）と訴えられていたら、これはパワハラだと判断されていたかもしれません。

パワハラと思われないために心がけること

悪気がなかろうと、相手に不快な思いをさせてしまい、それらをパワハラだと言われてしまったら、それが事実として受け入れられる可能性がとても高いです。小学生のやんちゃな男の子が好きな女の子にちょっかいをかけて泣かしてしまい、女の子が「いじめられた」と言えば、それはイジメだと判断されてしまう可能性が高いのと同じです。

パワハラと思われないためには、次のように日々丁寧な仕事を心がけることが大切です。

① 部下に1つひとつ丁寧に説明をし、認識に違いがないかを逐一確認しておく

新しい仕事を任せるとき、業務内容が大きく変わるとき、昇格昇給のタイミングなど、何かしら変化のあるときは、部下と必ず1対1で話す時間をつくり、丁寧に説明をしましょう。こうした小さな積重ねにより、部下からの信頼も得られますし、誤解によって起こる問題を減らすことにもつながります。

② 部下に許可を得る

事実を丁寧に説明することは大事ですが、「この仕事、○○君に任せるから」とか、「会社の方針でこの件はこういったことで決まったから」等、事実だけを伝えて終わってはいけません。

私は、必ず部下の気持ちを聞くようにしています。「会社としてはこういった方向性で進みそうなんだけど、○○さんはどう思う？」「この仕事、責任もそれなりに追うことになるけど、私的には○○君に任せたいんだよね。どうかな？」等、部下の意見や気持ちを必ず聞き、不安や不満などないか、その時点で確認をします。

③ 部下からも相談しやすい関係性を築いておく

日頃から部下とのコミュニケーションの量を増やし、よい関係性を築いておきましょう。そうすることによって、②でヒアリングをしたときに、素直に不安や不満があれば話してくれるようになります。

関係性ができていないと、上司に伝えたいことがあっても言いづらく、「大丈夫です」「わかりました」といった聞き分けのよい子どものような回答しか返ってこなくなってしまいます。

5 自分の私利私欲が先にこない

〝上司のため〟に頑張っているわけではない

以前、私が西新宿のコールセンターでアルバイトをしていた頃の上司は、いつもしかめっ面で、少なくとも私は入社してから1度も笑顔で声をかけられたことなどありませんでした。「おはようございます」の挨拶は基本的に無視でしたし、帰りの「お疲れ様でした」すらもスルーされることが多く、その上司と目が合った回数はアルバイト期間の3か月で片手ほどあったかどうかのレベルです。また、獲得数に応じて時給が変動する制度があったのですが、面談をしていただいたこともありません。おそらく私の名前すら覚えていなかったのだと思いますが、用があれば「おい」の一言で呼び出されます。そして、一方的に何かを告げられて終わりです。会話などありません。

普段は、仕事以外での交流はもちろん、私的な会話すらない上司でしたが、月に1度だけやたらと声をかけてくる日がありました。「仕事はどうだ?」とか、「悩みはないか?」とアルバイターたちに聞いて回るのです。面談すら面倒くさいと行わない上司が、「悩みがあったら聞くぞ」なんて言うものですから、背中がゾッとするわけです。アルバイターたちは「大丈夫です」「問題ないです」など、いつも愛想笑いで対応します。

さて、この月に1度のイベントとは何かというと、本部からお偉い方々がオフィスへいらっしゃる日のことです。つまり、上司の上司が、上司の仕事ぶりをチェックしに来ているのです。「自分は普段からこんなに部下を思いやっている」と言わんばかりの言動から、入社してすぐの私ですら、このイベントには上司の昇格がかかっているのだなとすぐにわかりました。

しかし、アルバイターの私たちからすると、〝上司のため〟に仕事をしているわけではないですし、ましてや〝上司の昇格のため〟に一生懸命働いているわけではないのです。お金のため、家族のため、自分のため、社会経験を積むため等、皆何かしら目的があって仕事をしているわけですが、上司のためでは決してありません。

自分の昇格のためによい顔をしたり、昇格の有無で接し方を変えないでいただきたい、と当時アルバイトをしていた同期たちとよく話したものでした。

また、この上司は、ある朝、稼働前にアルバイターの私たちに向けて堂々とこう言ったのです。

「きょうは○件マストで獲得するように！　俺の昇格がかかっている！　だから取れるまで架け続けろ！　獲得できるまで帰れると思うな！」。

私は、開いた口が塞がりませんでした。「時給が上がるわけでもなく、インセンティブがもらえるわけでもないのに、なぜ上司の昇格のために残業までしないといけないんだ」という本音をさすがに本人には言えませんでしたが、内心かなり腹立たしく感じていました。ちなみに、この日、数字は無事達成されたのですが、朝から稼働終了間際まで「今○件！　あと○件！」とプレッシャーをかけ続けられました。

部下は上司の駒ではない

弊社では、ステップアップ制度を設けているのですが、そのステップアップしていくための基準の１つに、「育成しているチームの人数」というものがあります。ある一定の人数をチームとして抱えていないと昇格していけません。そのため、人材育成を始めて割とすぐからチームの人数ばかりを気にしてしまう人がいます。昇格していくために一生懸命なのはよいことなのですが、部下たちは上司がステップアップしていくために日々頑張っているのではないのです。

チームの人数をカウントしてしまうリーダーは、大体6か月ほどでチームが崩壊してしまいます。チームの人数をカウントしていないリーダーほどどんどんチームが大きくなります。

もし、自分の所属するチームのリーダーが、部下の成長よりも自分の昇格を優先していたとしたら、その人についていきたい、その人から学びたいと思うでしょうか？　部下を昇格するための1人としてしかカウントできないようなリーダーに人はついてはきません。どれだけマネジメント能力が高くても、最終的に人は離れていきます。

そのため、部下のほうから、「〇〇リーダーのチームを離れたい」「別の人のチームになりたい」という要望が来ることもあります。

部下は、あなたが昇給・昇格していくための駒ではありません。部下が正しく成長していくためにあなたがいるのです。

6　自分の考えを押しつけない

「過去」の常識は「今」の非常識

中学では勉強を頑張りなさい。学力テストでは40番以内に入っておくように。そうすれば、〇〇高校に推薦で入学できるから。

高校では勉強を頑張りなさい。学力テストでは10番以内に入っておくように。そうすれば、きっと○○大学に入学できるから。

大学では羽目を外し過ぎずに勉強を頑張りなさい。そうすれば、ある程度安定した会社へ入れるから。

私は、中学生になった頃から、耳にタコができるほど何度も両親からそう言われていました。それなりによい高校へ行き、それなりに名前の知られた大学を卒業し、小さ過ぎないそれなりに安定した会社へ入ることが正しい道だと教わってきたのです。

しかし、それはあくまで親の時代に正しかったことであり、学歴が高く評価され、終身雇用が当たり前な時代だったからこそ、よい高校、よい大学を卒業することで「安定」を手に入れることができました。

２０１９年、トヨタ自動車の豊田社長は、「なかなか終身雇用を守っていくのは難しい局面に入った」と述べ、大きな反響を呼びました。大手企業ですら突然黒字倒産を余儀なくされ、会社の規模に関係なく、あらゆるところでリストラが行われています。「大きな会社に入社できれば一生安泰」の時代はもう終わったのです。

「大学を出ておいたほうが就職に有利だから」と親の世代から諭され、学びたいことが明確でないまま、〝とりあえず〟大学に入学した若者たちは、アルバイトや合コンに明け暮れていることがほとんどです。単位の数をカウントすることと、卒論を仕上げることだけに必死な大学生ばかりです。

確かに、就職試験での条件で「大卒以上」と掲げる企業は少なくありませんが、最近では、中卒や高卒でも活躍している人たちがたくさんいます。

時代の移り変わりは激しく、私たちが実感するよりも早いスピードで日々変化しています。

「Ｙｏｕｔｕｂｅｒ」や「ｅスポーツプレイヤー」など、親の時代にはなかった仕事も現在では当たり前のように存在しています。

たった30年前の１９９０年代前半、まだ携帯電話そのものが多くの人にとって身近な存在ではなく、今では目にすることのないポケベルが主流だったのです。今から約20年前の２０００年代前半にガラケーが普及し、２０１０年代に突入してからスマートフォンが少しずつ広がり始め、２０２０年現在では、小学生からお年寄りまで1人1台スマホを持つことが当たり前な時代に突入しています。

たった30年前、まだ携帯電話すら普及していなかった時代の当たり前や常識を、１人１台スマホを保有している時代の子どもたちに伝えたところで、もうその当たり前や常識は、世間では通用しないことが多くて当然なのです。

相手のことを知る

部下の育成においても同じことが言えます。

「自分のときはこうだった。だからこれが正しい」「今までずっとこうしてきた。だからお前もこうしなさい」等、頭ごなしに自分たちの価値観を部下に押しつけてはいけません。

時代の移り変わりに合わせて、新しいシステムを導入するように、新しい価値観を学び、部下の当たり前を把握し、仕事のやり方やマネジメントも新しくバージョンアップさせていくべきだと私は考えています。

そのためにも、部下の価値観を知ることが大切です。

どんな学生時代だったのか、どんなことにお金や時間を費やすのか、どんな風に仕事と向き合っていきたいのか、実際に仕事をしてみてどうか、会社側に改善してほしいことはあるか等、まずは細かくヒアリングしてみましょう。

7　誠実な対応をする

ズルをしない

「まっすぐ頑張っていれば、絶対にその頑張りを見てくれる人がいるから。だから、正しく生きなさい」。

これは、どこかで出会った社長さんからいただいた言葉なのですが、当時の私は、この当たり前過ぎる言葉に衝撃を受け、いただいた言葉はしっかりと覚えているのですが、どなたに言われたのかをすっぽり忘れてしまいました。

私は、選択に迷ったとき、必ずこの原点に帰るようにしています。

社会人になってから、知りたくもないことをたくさん知りました。学生の頃には無縁だった闇の部分といいますか、人間らしい部分をたくさん目の前で見て、聞いて、時には巻き込まれながら、社会にもみくちゃにされていた頃の私は、何が正解で、何が間違いなのか、いろいろわからなくなってしまったのです。

・媚びを売って上司に気に入られようとする人
・ゴマをすって評価を上げてもらう人
・裏から手を回して上手いことやろうとする人
・自分の身の安全のために誰かを陥れようとする人

社会で生き抜いていくためには、嘘をつきながら、時には人を蹴落としながら這い上がっていかなければならないのかと失望していました。

嘘をついてでも丸く収めることが正しいのか、人を蹴落としてまで上の人間から評価されることが大事なのか、私は、いったい何を信じて、どう進んでいけばいいのか、ずっと本気で悩んでいたのです。

そんなときに出会った社長さんが、前述した言葉をかけてくださったのです。

「丁寧にすること。

丁寧に人に接する。

丁寧に仕事をする。

丁寧にモノを扱う。

結果を早く出したいが故に抜け道を探したりだとか、誰かの迷惑になることをしたり、自分の立場のことしか考えずに目先の利益で動いたり、そういったズルをしないこと。せこいことはしないこと。自分のやったことは、全部後から自分に返ってくるから」。

そう教えてくださいました。

以来、私は、自分の上司に対しても、部下に対しても、人に対して丁寧に対応すること、相手に嘘をつかず誠実に接することを心がけています。

丁寧に対応する。誠実な態度で接する

部下から同じような質問ばかりされると、ついつい面倒くさくなって細かい説明を省いてしまったりしていませんか？　適当な相槌をしていませんか？　忙しい時期だからと部下から声をかけられても見向きもせず、作業を続けながら部下の話に耳だけ傾けている、なんてことはありませんか？

私は、部下から声をかけられたときは、必ず作業の手を止め、相手の目を見て、身体を相手のほうへ向けて、話を聞きます。部下が多ければ多いほど、同じような質問をされることもあるかと思います。そんなときでも、1人ひとりにまるで初めて説明をするかのように細かく話します。同じような悩み相談を受けるときでも、決して適当な相槌はせず、部下とアイコンタクトを取りながら

話を聞きます。

こうした丁寧な対応が、少しずつ積み重なって、部下から信頼を得られるようになります。

ちなみに、「信用」と「信頼」は大きく違います。

過去に行ってきたこと（実績、成果など）に対して「信用」をします。過去の実績や成果、その人の立居振舞いや人間性を見た上で、「この人になら仕事を任せても大丈夫だろう」「この人になら本音を話してもいいかな」等と、その人の未来を「信頼」します。約束の時間には絶対に遅れない、任せた仕事は期日以内に必ず提出する等、そんな毎日の小さな積重ねが相手の「信用」に繋がっていきます。その過去に「信用」があるからこそ、大きなプロジェクトを任せてもらえたりだとか、新しい仕事の依頼を受けたり、未来を「信頼」してもらえるようになります。

過去を「信用」し、未来を「信頼」します。

そのため、「信頼関係」とは言いますが、「信用関係」とは言わないですよね。

部下から信頼されるためには、日々のちょっとした心遣いや思いやりからくる丁寧さ、嘘なく誠実に対応することが何よりも大切です。

特に「嘘」は、いつでも簡単にすぐにつくことができますが、目の前のことだけで取り繕った嘘は、後々信頼関係という一番大切な絆を一瞬で断ち切ってしまうことになります。

長年、ともに働き、信頼していた男性スタッフが、ノルマをクリアするために数字を偽っていたことが判明したとき、私の中で積み上げられていた彼への信用は一瞬で吹き飛びました。彼は、もう2度と同じことはしないと反省していましたが、それでも私の心のどこかでは「またやるのではないか」という不信感がぬぐえず、結局、その嘘が発覚してから半年後、彼は会社を辞めていきました。

人間ですからミスもヘマもします。信用を失ってしまったり、信用残高を減らしてしまったのだとしたら、まずは元に戻すことが大切です。「きょうから気持ち切り替えたんで、信頼してくださいー!」なんていきなり言われても難しいのです。

相手に信用・信頼してもらうまでには、ある程度時間が必要です。

部下に対しても、丁寧な対応をしたからといってすぐに信用されるわけではありませんが、紙を1枚1枚積み重ねていくように、コツコツと続けてみてください。

8　自分の誤りを素直に認める

ミスは誰でもするもの

私は、２０１７年5月~２０１９年1月まで、Ａｍｅｂａブログを週5日書き続けていました。今はもう閉鎖してしまいましたが、上記の期間ずっと月曜日から金曜日まで毎朝更新していたので、結構な量の記事が溜まっていたのですが、先日ふと読み返してみたときに、目についた記事をそのまま添付する形で紹介します。

『先日西部新宿ぺぺ店の
サンマルクカフェに行ったんです。
ちょっと休憩がてら
美味しいパンが食べたくて。
サンマルクのパンは
その場で温めなおしててくれるし
美味しいんですよね。
けどそこで悲しい事件が…
トレーに取った『やみつきドッグ』に
髪の毛が入っていたんです。
そのままレジへ持って行って
「パンに髪の毛が入っているので
別のものに変えてもらえますか？」
と店員さんに聞きました。
で、
そのあとの店員さんの対応が
ヤバめだったんですよ。

「あ、わかりましたー」
とパンは変えてくれたのですが
謝罪がない。
何事もなかったかのように
パンだけ取り換えて
お会計してそのまま終わり…
私がレジを離れてから
髪の毛が入っていたことについて
「やばいねー」「ねー」
とひそひそ
他のアルバイターの子たちと
話しているのが聞こえました。
あなたたちの
その対応の方がやばいよ。
パンに髪の毛が混入するのは
狙ってやったことではないだろうから
まぁしょうがないかなって。

けどそれに対して謝罪がないのは
教育どうなってんの？
と言いたくはなりますよね。
という悲しい気分になったお話でした。
規模が大きくなると
末端まできちんと教育するのは
なかなか難しいよね。
アルバイトの子たちも
丁寧に対応してもしなくても
時給が変わるわけではないから
手抜きたくもなるよね。
でもレジに金額打ち込んで
お金のやり取りするだけなら
機械でも今はできるし
「接客」が仕事だと考えたら
あの店員さんは仕事してないよね』。
（２０１８年9月27日投稿　Ａｍｅｂａブログ『25歳女若手社長が起ち上げた「個性活かす」会社！

株式会社Ｂ―ＹＯＵ』「パンに髪が入っていた話」より引用）

間違えてしまうこと、ミスをしてしまうことは誰にでもあると思います。

悪気なく、ただただ本当に知らなくてやってしまったことも、教えられていたけどつい忘れてしまっていたことも、仕事が忙しくてテンパって間違えてしまったことも、１度や２度ではないはずです。

社会人経験が長くなればミスをしなくなるのか、昇格していけば間違えることはなくなるのかというと、もちろんそういったことはなくて、先輩でも上司でも、時には社長であっても間違えることがあります。

ただ、その後の対応が大事です。

誤りを認め謝罪する

そのまま知らん顔で話を進めたり、ミスをなかったことにしようとしたり、「お前が悪いんだろ」と他のスタッフのせいにしたりする人がいます。

ポジションが上になればなるほど、頭を下げることに抵抗があるのもわかります。プライドもあるでしょうし、普段から「ミスをするな」と部下に叱っている自分が…と思うと部下の顔を見られなかったり、隠ぺいしたくなる気持ちはわかるのですが、先述したサンマルクの店員さんの対応をどう思いましたか？　髪が混入したのは私のせいじゃないし、とりあえずパンを取り換えれば文句ないでしょといった対応をされて、気持ちがよいですか？　パンを取り換えられたらそれでＯＫですか？　違いますよね。部下も同じ気持ちです。

上司がミスをしたことを責めたりするつもりなんて毛頭ありません。しかし、隠そうとしたり、なかったことにされたり、謝罪すらないと、同じような気持ちになるのです。

素直に謝罪ができるかどうか、部下はあなたを見ています。

9　なぜアルバイターは意欲的でないのか

頑張っても頑張らなくてもお給料は変わらない

本書を出版することが決まってから、人材育成に携わっている方々にいろいろとお話をお伺いさせていただきました。そのうち数名の方から、「アルバイトの子たちのマネジメント方法が知りたい。なかなか意欲的に仕事に取り組んでくれなくて…。嫌なことがあるとすぐに辞めてしまうから、叱るに叱れないし…」といったお声をいただいたので、アルバイトの子たちの心情とやる気にさせる方法について、私のアルバイト経験を交えながら、書いていきたいと思います。

ワーキングホリデービザが切れ、カナダから帰国した私は、２か月ほどニートをした後、「いい加減、仕事したら？」と母に背中を押され、アルバイトを探し始めました。

家からスクーターで５分ほどのところにある某大手チェーン店のカフェでは、年がら年中アルバイト募集の張り紙が出ていたので、「ここなら人手が不足していそうだし、私のようなニート出身でもきっと受かるだろう」と、何とも失礼なことを考えながら、面接を受けに行きました。10分程度の簡単な面接のみで、翌日には合格の連絡をいただき、案の定人手が不足していたようで、合格をいただいた翌々日からすぐに働き始めました。

仕事内容は、べらぼうに難しいことは1つもなく、マニュアルもしっかりと準備されてあり、加えて先輩方が1つずつ丁寧に口頭でも教えてくださったので、覚えるべきことをしっかり覚えてさえしまえば、特にニートでも問題なく仕事ができました。

どうせしばらくここで仕事をするのであれば、「さっさと覚えることを覚えてしまって後々楽をしたい」というのが私の考えとしてあったので、仕事を始めてから2週間ほどは死ぬ気で仕事をしました。教えてもらったことはすべて必ずメモを取り、そのメモを帰宅してから毎回復習することで、同じことを何度も先輩に聞くなんていうことは1度もなかったはずですし、10分休憩にマニュアルを読み直すことで変な凡ミスをすることはほとんどありませんでした。

仕事を始めてから1週間もすると、ドリンクは注文があれば誰よりも早くつくれる自信がありました。そして見事2週間で、オープニングの準備、機械の立上げ方、カフェ全体の掃除、洗い物、ドリンク、レジ、物販の補充など、おそらくアルバイトレベルで覚えなければいけない最低限のことを覚え切り、私は「よし、もう新しく覚えることもない。後はただ決められた時間内をミスなくこなすだけ！　ここから先は大変なことはないし、あとは楽だ！」とひとり嬉しく思っていました。

そして、それから2か月ほど、私は、完全に手を抜きながら、いい感じでサボりながら、ダラダラと仕事をした後、上京することが決まって退職しました。

新人アルバイトでは、どれだけ頑張っても時給が上がることはありません。3年働いてやっと30円上がるか上がらないかです。

どれだけ一生懸命に仕事をしても、評価基準すらありませんから、昇格も昇給も基本的にはありません。裏でおしゃべりを楽しむ先輩アルバイトと、私が必死でメモしながらハードワークをしたあの数時間は、全く同じお給料しか発生していないのです。

一生懸命働いても、手を抜きながら仕事をしても、同じお給料しかいただけないのです。であれば、「なるべく無駄な労力を使わずに、効率的に稼ぎたい」と思ってしまうのが普通なのではないでしょうか？

メリットが見つからない

また、お金を稼ぐこと以外に、このカフェでのアルバイトを経験することによって人生プラスになっていくような何かメリットがあるかと考えたりもしたのですが、当時の私にはそれが見つかりませんでした。

そのカフェでの経験は、そのカフェでしか活かされないのです。オープニングの準備や機械の立上げ方、ドリンクや物販の補充など、いくらたくさん覚えても、どれだけ経験を積んでも、それらはそのお店でしか使えない知識であり、経験なのです。全く違うカフェで働こうと思ったら、また1からすべてを覚え直さないといけません。強いてあげるなら、レジの使い方はどこでも使える経験かもしれませんが…。

スターバックスのような世界が認めるレベルの高い接客が学べる職場であったならば、今後どういった接客業務にもアルバイト経験が活きそうな気もしますが、私が勤めていたカフェでは、業務内容は抜け目なく教えてくれても、接客がものすごく丁寧なわけではなかったですし、ただ「機械のように正確に、教えてもらった業務をミスなくこなすこと」が当時アルバイトに求められていた最高の仕事だったのです。

また、どれだけ仕事内容が自分に合っていても、お給料が高くても、通いやすい職場だったとしても、上司や先輩たちとのそりが合わない、いじめなど人間関係が面倒くさい等も、アルバイトの子たちがやる気にならない大きな原因の1つでしょう。

◎頑張っても頑張らなくても、お給料が変わらない
◎頑張ったところで評価されない
◎自分の人生にあまりプラスにならなそう
◎機械のように文句を言わず黙ってミスなく業務をこなすことが求められる
◎（アルバイト先によっては）人間関係が面倒くさい

こういった環境で意欲的に動けというほうが難しいのではと思います。

10　アルバイターの積極性を促す方法

頑張ったほうがいい環境を提供する

アルバイトの子たちにも積極的に仕事に取り組んでほしいのであれば、やるべきことは意外と簡単で、要するにアルバイトの子たちが頑張れない次の理由をすべて潰してしまえばいいのです。

頑張れない理由①　頑張っても頑張らなくても、お給料が変わらない

↓頑張ったら頑張った分だけ稼げる仕組みをつくる

弊社のコールセンターでは、インセンティブ制度を導入し、最低限の固定給は平等に支払うものの、１件獲得するごとにインセンティブが発生するので、獲得すればするほどプラスでどんどんお給料が上がっていきます。完全歩合制を取り入れているオフィスも一部あります。やったらやった分だけ稼げるため、アルバイトの子たちも勝手に頑張ります。

頑張れない理由②　頑張ったところで評価されない

↓頑張ったら何かしらの評価をされる仕組みをつくる

弊社では、毎月いくつかのランキングを公表し、ランキング上位者を表彰しています。獲得数が多かった人たちだけではなく、ミスや失注の少なかった人たちもランキングでわかるようになっています。

また、1年に2～3回程度、海外研修を実施しており、仕事に対する姿勢や積極性や獲得数など、直属の上司が面談を通して総合的に判断し、特に頑張っていると高い評価を受けた上位何名かが招待されます。雇用形態に関係なく、アルバイトでもパートでも正社員でも、頑張り次第で会社の経費で海外へ行くことができるのです。

頑張れない理由③　自分の人生にあまりプラスにならなさそう

↓どういったスキルを身につけることができるかを説明する

弊社であれば、商材をいくつも扱っているため、高いレベルの営業力が身につけられます。法人向けの案件も個人向けのものもあるので、正しい言葉遣いはもちろんのこと、コミュニケーション力や臨機応変な対応力を身につけることができます。

そして、これらのスキルは、どんな業界へ行っても通用する生涯スキルであることを、入社後すぐのオリエンテーションで私は必ずスタッフに伝えるようにしています。

頑張れない理由④　機械のように文句を言わず黙ってミスなく業務をこなすことが求められる

↓アルバイトの子たちも意見を述べられる場を設ける

意見箱のようなものを設けてもよいですし、定期的に5分程度の面談をするようにしてもよいですし、「実際に仕事をしてみてどう？　もっとこうしてほしいとか、ここがやりにくいとかある？」と直接聞くようにしてみてもよいと思います。形態はなんでもよいと思います。

こちらから意見がほしいと思っていることをきちんと伝え、アルバイトの子たちが意見を述べやすい環境を準備しておくことが大切です。

頑張れない理由⑤ （アルバイト先によっては）人間関係が面倒くさい

↓居心地のよい職場づくりを目指す

私がこれまでアルバイトの中で一番長続きした職場は、私がこれまでのアルバイトの中で一番長続きした職場は、特別に仕事内容がよかったわけでも、時給が高かったわけでも、家から通いやすい場所でもなかったのですが、私がその仕事を辞めなかったのは、居心地がそれはそれはよかったからです。60代のおじいちゃんから10代の学生さんまで、幅広い年齢層の人たちが働いていたのですが、年齢に関係なく、皆とても仲がよくて、新人の頃から家族のように迎え入れてくれるような、とてもアットホームな職場でした。

ランチタイムとディナータイムの間の休憩時間には、皆で同じテーブルを囲み、和気あいあいとした雰囲気の中、他愛のないおしゃべりを楽しみます。仕事終わりには皆でカラオケに行ったり、休日に遊びに出かけたりもしていました。店長とアルバイト、上司と部下、先輩と後輩、というよりは仕事の〝仲間〟という感覚がとても強かったような気がします。

私は、このかつてのアルバイト先のような職場環境を目指しています。年齢に関係なく皆が仲よしで、先輩だからと威張ったりせず、新人さんも平等な扱いを受けることができ、まるで家族というような、そんな居心地のよい職場であれば、どんな人でも辞めたいとは思わないことを自分が経験して一番わかっているからです。

第5章　部下のモチベーションを上げる方法

1　不安削除

不満か不安か

私は、飲食店でアルバイトをしていた頃、頑張っても頑張らなくてもお給料が変わらないことに対して不満を感じていました。お店の裏で楽しくおしゃべりをするパートのおばちゃんと、お客様の接客から料理の提供まで足を止めずに働く私の1時間は同じ金額なのです。

不公平だと感じた私は、その飲食店を辞め、新しく仕事を探すことにしました。「頑張ったら頑張った分だけ稼げる仕事がよい」と思い、時給とは別にインセンティブがもらえるらしいコールセンターで職種を絞って検索をし、東京都内にあるコールセンターのアルバイトに片っ端から応募をしました。

そして、西新宿にある某大手企業のコールセンターに合格をもらいました。その会社は、獲得数が多ければ多いほど、翌月の時給が上がっていきます。つまり、自分の頑張り次第で稼ぎを上げていくことができるのです。

しかし、いざ働き始めてみると、初めこそ「ここでは私の頑張りが評価されるぞ！」とワクワクしていたのですが、2週間もすると今度は不安が襲ってきました。「飲食店の接客経験しかない自分に電話営業ができるようになるだろうか…」と日に日に不安が大きくなっていったのです。

結局、不安か不満かどちらかしか選べないのです。

飲食店で働くことを選択すれば、過去にいろいろな飲食店でのアルバイト経験もあるので、マニュアルどおりに接客をすれば、大きな事故も、「不安」を感じることもなく、働いていけるでしょう。しかし、頑張ってもお給料が変動しないという「不満」を抱えながら仕事をしていくことになります。

コールセンターで働けば、頑張った分だけ時給が上がっていくので、飲食店アルバイター時代に抱いていた「不満」は解消されます。しかし、未経験の仕事ですので、できるようになるかどうかわからないという「不安」と闘っていけなければなりません。

「不安」という重りを取り除く

何か新しいことにチャレンジをしたり、初めてのことに挑戦をするときには、必ずといってよいほど「不安」が伴います。まれに根拠のない自信を持っていて、すぐに行動に移せる人もいますが、大概の人が自信のないところからスタートします。

新卒や社会人経験の浅い部下は、この「不安」がとても大きく、いきなりモチベーションを上げようとしても目の前の「不安」でそれどころではないので、なかなか話が入りません。そのため、まずはこの「不安」を部下から取り除くことをしてあげてほしいのです。

気球に「重り」がたくさん乗っていたら、いくら「火」を大きくしても上には上がっていきません。まずは「重り」を1つずつ降ろしていって、ある程度軽くなってから「火」を大きくすると、気球はぐっと上昇していきます。

部下が「不安」をたくさん抱えている状態では、いくら「モチベーション（火）」を上げようとしても上がり切りません。まずは部下の抱える「不安（重り）」を1つずつ解消し、ある程度気持ち的に余裕が生まれてから、「モチベーション（火）」を上げてあげると一気にやる気を引き出せます。

では、部下たちは、いったいどういった不安を抱えているのかというと、答えは簡単です。

自分自身が新卒だった頃、社会人としての経験が浅く右も左もわからなかった頃、初めて上司に叱られた日、初めて大きなミスをした日にご自身が感じていた不安を、部下は今まさに抱えているのです。

その当時のことを思い返し、上司からどんな言葉をかけてほしかったのか、どんな風にフォローしてほしかったのかを考え、自分のやってほしかったことを部下にそのままやってあげましょう。

私は、よく部下を食事に誘いますが、それは私自身が新人時代に上司にされて嬉しかったからです。私の上司は、緊張と不安で一杯だった入社数週間目の私を会社の外に連れ出し、お酒を飲みながら気さくにいろんな話をしてくれました。

「正直、最初は大変だよね」「覚えること多いよね」「俺も最初はしんどかったわ〜」と、私の気持ちに理解を示してくれただけで、幾分も気持ちが楽になったのをよく覚えています。「あぁ、自分だけじゃなかったんだ。今でこそ仕事のできるこの上司ですら、最初は覚えることが多くて大変だって感じてたのか」と肩の力が抜け、上司が私の状況をきちんと理解してくれていることに対して安心することもでき、私の抱えていた「不安」は一気に消えたのです。

自分が上司にされて嬉しかったことは何でしょうか？
自分が上司にしてほしかったことは何でしょうか？

２　目標を決める

何のために頑張っているのかわからなくなる

どんな仕事でも、初日は緊張するものです。私の人生初めてのアルバイトは、中華料理店のホールスタッフでしたが、お客様が来店された際の「いらっしゃいませ」すら緊張で声が震えてしまいましたし、私の主な仕事は、シェフの方がつくってくださった料理をお客様のテーブルに運ぶだけなのですが、それすら「自分の行動は間違っていないだろうか？　変なところはなかっただろうか？」と不安になりました。

２週間もすればある程度１日の流れもわかってきますし、知っている顔も増えてきます。１か月もすると職場の環境にも業務内容にも慣れ始めますが、早い人だとこのくらいの時期から「何のために頑張っているのか」がわからなくなります。

職場に慣れるまでは目の前の業務を覚えることに必死、先輩たちの名前と顔を覚えるので必死です。ミスをして叱られては落ち込んで、理不尽なことで怒られてイライラして、少しばかり仕事ができるようになって喜んで、先輩や同期と仲よくなり始めて仕事が少しだけ楽しくなって、そんな風にいろんな感情が行き来します。肉体的にも精神的にも考えることや覚えることがたくさんあって、忙しいのです。

しかし、職場にも慣れ、同じような業務をこなす日々が続き、ふと「何でこんなに頑張ってるんだっけ？」と疑問を感じるようになります。

私は、コールセンターでアルバイトをしていた頃、初めは不安と緊張に煽られながら必死になって仕事を覚えていたのですが、ある程度のことが自分1人でできるようになり、インセンティブももらえるようになってから、ふと「何でこんなに必死にやってるんだっけ？」と足が止まってしまったのです。最低限の生活ができるだけのお金を稼げるようになった途端、ゴールがなくなってしまったからです。

「頑張ったら頑張った分だけ稼ぎたい」という不満を解消するためにコールセンターという仕事に転職し、「コールセンター業界で稼げるようになる」という目標を達成してしまったのです。次に目指すところを全く決めていなかったので、どこに向かって頑張ったらよいのかわからなくなってしまいました。

どう頑張ったらいいのかわからなくなる

目標がないと、何をどのくらい頑張ったらよいのかわからなくなります。

行きたい大学を決めていないのに、「とにかく勉強を頑張りなさい」と言われたところで、どの科目を頑張ったらよいのか、どのくらい頑張ったらよいのか、頑張るの基準はそもそもどこなのか、テストで何点くらい取ったらよいのか等、何がよくて何が悪いのかすらわからないので、頑張りたくても気持ちが入りません。

全国大会に出場したい、世界大会に出たい、オリンピックで金メダルを取りたい等、目標が明確に決まっていれば、その目標に沿って練習内容を決められますし、どのくらいのレベルで頑張ればよいのかも明確になりますが、特にゴールを決めていない状態で、「とにかく練習を頑張りなさい」と言われても、頑張り方がわかりません。

仕事も同じです。「とにかく仕事を覚えなさい」「文句を言わず働きなさい」と言われても、目標もないのに頑張れないのです。

どんな目標でもよいからゴールを決める

まずは、部下１人ひとりと目標を決めるところからスタートしましょう。

部下の中には、低めの目標を設定し、確実にゴールヒットしたいという人もいれば、高めの目標を設定したほうがやる気になるという人もいます。正解はないので、各々のペースに合った目標を決めましょう。

- 「年収６００万円以上」
- 「チームリーダーになる」

・「部長になる」
・「部下を100人もつ」
など、年収ベースで目標を決めてもよいですし、ポジションで決めてもよいと思います。

中には「一人前になる」「ミスをしないようにする」という、もはや目標なのかわからないくらい低いゴールを設定する自信のない子もいますが、そこは否定せずに、一旦受け入れてあげましょう。

いつまでにどう評価されたいのか、どのくらい稼ぎたいのか、どのポジションにいたいのか等、部下1人ひとりに合わせて話し合いながらゴールを決めていきましょう。

そして、「常に目標が明確」な状態を維持させることが大切ですので、1度話し合って決めたら終わりではなく、定期的にリマインドすることも忘れずに。

3　ショートゴールとロングゴールを明確にする

目標を細分化する

中学のときも高校のときも、私の通っていた学校では、毎回テストの順位が上位の人だけ廊下に張り出されていました。私は、両親との約束で、中学のときは総合40位以内、高校のときは10位以内をずっとキープしていました（そんなに偏差値の高い学校ではなかったので、決して私の頭がよいわけではありません)。親には、私に受かってほしい大学があったので、中学・高校のテスト順位をものすごく気にしていました。おそらく受験する本人の私以上に神経質になっていたと思います。

ちなみに、校内のテスト順位に関しては両親との約束を最後まで守りきれた私でしたが、受けた大学は見事すべて不合格。惜しくも何ともない点数でセンター試験を終えました。

なぜ中間テストや期末テストではよい点数をキープできたのに、センター試験には全く歯が立たなかったのかというと、前者はテストの教科が○科目、テスト範囲は教科書の○ページから○ページまで、テスト期間は○週間というようにテスト範囲も狭く、「テスト期間」というわかりやすい勉強に集中すべき期間もあったので、細かく目標設定ができていたのです。

私は、まず真っ先に手をつけていく科目の優先順位を決めていました。一番得意な英語、次に国語、社会、苦手な数学と理科は最後に勉強していました。その後、いつまでに各科目の勉強を終わらせるのかという期日を決めます。英語は何日までに終わらせて、国語はこの日までにやって、社会は…というように終わらせる日にちを決めていきました。後は決めた日にちまでに決めた科目をこなしていくだけです。

つまり、目標達成までにやるべきことを細分化することができていたのです。

しかし、センター試験は、範囲が広過ぎてどの教科をいつまでにどのくらいのレベルにすべきかが全くわからず、○○大学に合格するという長期的な目標(ロングゴール)だけを決めて、短期的な目標（ショートゴール）を設定できていませんでした。

そのため、毎日何となく頑張るのですが、優先的に勉強すべき科目はどれなのか、このペースで勉強を進めていけば間に合うのか等、不明確な点が多過ぎて、勉強をしているのにいまいち前進している感じがなく、毎日不安に感じていました。

長期的な目標と短期的な目標を設定する

42・195キロを○時間で走りましょう！

こんな風にロングゴールだけを決められていると、最初は何となく頑張れるのですが、自分のペースすらわからないまま、何となく友だちとペースを合わせて走っているうちに、肉体的な疲労が体に蓄積されていきます。それに加えて、先が遠過ぎて、本当にゴールなんてできるんだろうかという漠然とした不安がどんどん大きくなり、この不安と反比例するようにモチベーションが下がっていきます。やがて、「別にこんなに必死になってまで走りきらなくてもいいんじゃないか、辛くなったら途中で棄権してもいいんじゃないか」と弱い自分が囁き始め、1人またひとりと脱落していくのです。

ロングゴールだけでは、先が見えなくなってしまい、モチベーションの続かないことが多いです。なので、「42・195キロを○時間で走りきろう。10キロごとに給水所があるから、最初の給水ポイントまで○時間○分、次の給水ポイントまで○時間○分、最後の給水ポイントを○時間○分で通過すれば、ロングゴールが達成できるから、まずは10キロ地点の給水所を目指そう」というように、ロングゴールとショートゴールをどちらも明確にしておくことが大切です。

オリンピックを目指す選手の人たちは、おそらくただただ闇雲に練習を積み重ねているわけではないはずです。いつまでにどの筋力を強化して、いつまでにこの技をできるようにして…と、目標を細分化し、「オリンピックで金メダルを取る」というロングゴールだけではなく、ショートゴールも明確にしているはずです。

受験生には、「東京大学に合格する」というロングゴールを立てたら、「どの時期のどのテストでA判定を取る」といったようにショートゴールも明確にしているはずです。

仕事でも、目標を決めたらそれで終わり、「あとは頑張ってね」ではダメなのです。その目標をいつまでに達成したいのかという期日を決め、そのためにはいつまでどうすべきかというショートゴールも明確にしてあげましょう。

また、初めて何かに取り組む場合、自分1人で目標や練習方法などを決めるよりも、その目標を実際に達成した人にやり方や目標の立て方を聞いて学んだほうが、より目標達成に近づけるのではと私は考えています。

例えば、初めてフルマラソンを走る場合、実際にフルマラソンに挑戦した人に、「○時間○分でゴールしたい場合、どのくらいのペースで走るべきなのか、どういった練習方法が最適か」など、まずは体験者に話を聞きますよね。

仕事での目標設定も、いきなり部下1人で決めるのは難しい部分もあると思うので、部下に任せっきりにせず、必ず上司がフォローしてあげてください。

4　ワクワクさせる

ゴールヒットしたその先をイメージさせる

小学・中学の運動会で、白い粉を使って白線を引くときに、足元ばかり見ていてたらまっすぐな線が引けません。ゴール地点を見て、そこに向かってまっすぐ進んでいくと、きれいな直線が描けます。せっかくロングゴールとショートゴールを設定しても、足元ばかり見ていたら線がぐちゃぐちゃになってしまうように、目の前のやるべきことに集中し過ぎると視野が狭くなってしまい、上手くいかなくなってしまいます。

ロングゴールとショートゴールを明確にしたら、その目標を定期的に見直させながら、常にゴールを意識させるために、その目標が達成したときのことを想像させ、ワクワクさせましょう。

「東大に合格する」という目標を立てたら、もちろん目の前の勉強を一生懸命頑張るのですが、それだけではなく、合格したい大学のオープンキャンパスへ行ってどんなキャンパスライフを送ろうかとイメージを膨らませたり、どんな授業を選ぼうか、どんな先生の授業があるのか、どんなサークルに入ろうか、どんな友だちができるんだろうか、そんな風にイメージします。イメージが具体的になればなるほどワクワクしてきます。

ワクワクした状態で家に帰ったら、「絶対あそこの大学に合格するんだ！」とやる気がアップしていくものです。

オリンピック選手は、4年間もなぜ高いモチベーションを保つことが可能なのかというと、その理由の1つにこのワクワクがあるかと思います。金メダルを獲得した自分をイメージして、自分のことのように喜ぶ家族や友人や仲間たちの顔を思い浮かべてワクワクするからこそ、毎日の地味な練習を継続できるのではないでしょうか。

私は、ワーキングホリデービザが切れ、カナダから帰国してニートをした後、カフェでアルバイトを始めました。しかし、すぐにつまらなくなって辞めてしまいます。ある程度の仕事さえ覚えてしまえば、後は同じ作業の繰返しでしたので、まるで工場のライン作業のような毎日に飽きてしまったのです。

この後しばらくして、覚えることを正確にインプットしたら、後は機械のようにミスなく正確に働いていくことで評価される「アルバイト」という雇用形態に嫌気がさした私は、いずれ起業して「経営者」になろうと1つのゴールを決めました。

ただ、具体的に何から始めたらよいのか、どういったスキルが必要なのか、右も左も全くわからなかったので、独立支援制度のある会社に入社をし、そこでステップアップさせていただきながら、経営スキルや経営マインドを身につけました。

しかし、もともと簡単なアルバイト経験しかなかった私が、そんなに簡単にステップアップできるはずもなく、3歩進んで2歩半下がるような毎日に、〝早く〟スキルを身につけたい、〝早く〟ステップアップしたい、早く、早く、早く…と、どんどん焦りはじめ、気がついたときには目の前の業務をこなすことに集中し過ぎてしまい、視野も狭くなって、モチベーションも下がっている、なんていうことがよくありました。

目の前の仕事に割く時間と未来を想像してワクワクする時間、物理的にはどうしても前者に割く時間の割合が多くなってしまいます。目の前の業務をこなし、ステップアップしていくための基準を越えることに必死になっていたのですが、結局、足元を見ながら白線を引いているようなものなので、線がぐちゃぐちゃになり上手く引けませんし、ゴールがどこだったかわからなくなってしまったのです。

そんな私が独立するまでの約2年間、毎日意識的にやり続けていたことの1つが、この「ワクワクする」です。

目的地を見失わないように、意識的にゴールを達成したときのことを思い浮かべる時間をつくり、日々にやにやしながら出社し、ワクワクしながら帰宅するようにしていました。

イメージする時間をつくる

部下に目標を決めさせ、その目標を追わせていくうちに、だんだんと目標を達成することそれ自体が目的になってしまうことがあります。

そのため、気がついたら部下が数字に追われていて、日々の業務をこなすことに必死になり、ふと我に返ったときに「そもそも何でこんなに頑張ってるんだっけ？」と、ロングゴールを見失っているなんていう話はよく耳にします。

部下が、自分１人で勝手にゴール達成したときのことをイメージし、誰に言われずとも常にワクワクしている状態になっていることが一番理想なのですが、なかなかそうはなりません。こちらからゴールヒットした瞬間を考えさせる時間を意図的につくる等、リマインドさせ続けることが大切です。

目標の進捗状況を確認する度に、部下にゴールテープを切った瞬間を都度イメージさせてあげてもよいですし、１ｏｎ１ミーティングの時間や朝の稼働前のちょっとした時間を使ってもよいと思います。

ちなみに弊社では、定時以降の時間に業務の話をすることを禁止しています。禁止といってもなにか罰則があるわけではありませんが、業務の話や仕事上の相談などは、業務時間内に時間をつくってやるよう徹底させています。

そして、定時以降は、各々のゴールはどこなのか、ゴールしたらご褒美に何をするか等、ワクワクする話しかしないように徹底した結果、部下はワクワクしながら毎朝仕事へ出社するようになり、積極的に仕事に取り組むようになりました。

5　食事の場を活用する【接待する】

仕事は「何を」をするかよりも「誰と」するか

東京の飯田橋に、「ちょうちん」という居酒屋があります。知合いから「連れていきたいお店がある」というのでついていくと、そこは、開店から夜遅くまで連日満員で、予約をしていないと席に座れないほど大繁盛しているお店でした。

料理が美味しいのはもちろんなのですが、店員さんや店長の接客がとても素晴らしく、人気店な理由はすぐにわかりました。

カウンター席の向こうから店長が笑顔で「いらっしゃい！」と迎えてくれます。どんなにお店が忙しくても、必ず顔をこちらに向けてくれますし、入口付近まで来て挨拶をしてくれます。

料理を運んで来てくれた店員さんは、相手の表情を見ながら、1つひとつの料理を丁寧に説明してくれますし、席を離れるときには必ずニコッと笑顔をつくってくれます。

飯田橋・神楽坂エリアには高級料理店も多く、ほかでも美味しい料理は食べられますし、他にもたくさんお店があるので、わざわざ混んでいるお店に並んで待つよりは、他のお店に行ってしまったほうが早いです。それでもこの「ちょうちん」に人が集まるのは、料理が美味しいという理由だけではなく、接客をする「人」が素晴らしいからでしょう。

結局、「何を」売るかではなく、「誰が」売るかなのです。

そして、仕事も「何を」するかではなく、「誰と」するかです。

同じような商品・サービスが出回る今の世の中で、仕事先のクライアントに「この人とならー緒にこのプロジェクトをやってみたい」と思ってもらえるかどうか、人手不足の業界も多く、簡単に転職できてしまう今の世の中で、部下に「この人のもとで仕事をしたい」と思ってもらえるかどうかはとても重要です。

自分を取り巻く周りの人との関係性を築く方法の1つが「接待」です。

「接待」とは、お互いのことを知り、お互いの信頼関係を深めることで、ビジネスをより円滑に進めるためにクライアントをもてなすことを言います。

食事会だけではなく、ゴルフやキャバクラなど、様々な接待の種類がありますが、仕事の場を離れたリラックスした場で、仕事以外の話も交えながら親交を深めることにより、よりよい仕事ができるようになります。

クライアントとの会食のお店を選ぶとき、おそらく事前にいくつか下調べをすると思います。可能な場合は事前に足を運ぶこともあるでしょう。

・最寄り駅はどこか（クライアント先の会社から行きやすい駅か？）
・駅からどのくらいの距離にあるのか（最寄り駅から遠過ぎないか？）
・個室はあるのか（話しやすい空間か？）

・どんな雰囲気のお店か（流れている曲やお店の明るさなど）
・接客はよいか（店員さんの態度や表情など）
・料理が提供されるまでの時間はどうか（長過ぎたり短過ぎたりしないか？）

他にも、相手がお酒を飲む場合は、好きなお酒の種類を聞いておいて、例えば、ワインがお好きな方であれば、ワインの品揃えが豊富なお店やソムリエがいるお店を選んだり、嫌いな食べものや苦手なものを把握し、その食材を料理から抜いてもらうよう事前にお店へ電話でお願いをしたり、いろいろな準備があるかと思います。

こういった準備は、相手が見ているわけではありませんが、おもてなし精神は必ず相手に伝わります。

部下も仕事のパートナーでありクライアント

部下を接待しましょう。部下は、あなたの仕事上での大切なパートナーです。

私は、部下を食事に誘ったり、仕事終わりに飲みに行くときには、必ずクライアントと同じように前述のような事前準備を怠りません。

部下の住んでいる家がどの辺りかを把握し、そこからなるべく近いエリア、もしくは部下の最寄り駅まで乗換えが少なくて済むところで、お店を選びます。

アイスブレイクが目的で他愛のない会話しかしない場合は、個室でなくてもよいのですが、部下の悩み相談をするときや深い話をしたいときは、個室のあるお店に絞り込んでお店を探します。また、部下の好きな食べものも把握しておきます。お肉が好きな子ならお肉系のお店を、魚介類の好きな子なら魚系のお店を選びます。お酒を飲まない子であれば、料理の美味しいところを、お酒が大好きな子であれば、こだわりのお酒があるお店、もしくはお酒の種類が豊富なお店を選びます。

お互いのことを知り、信頼関係を築き、ビジネスを円滑に進めるために部下をもてなしましょう。

6　食事の場を活用する【話を聞く】

自分の話をしない

ある居酒屋で、明らかに上司部下の関係なんだろうなという2人組の男性がいました。上座に上司（らしいほうの男性）が座り、何やら仕事の愚痴をこぼし始めます。

「今この仕事が大変でさ〜」

「俺の新卒だった頃なんてさ〜」

敬語を使う部下（らしいほうの男性）は、「そうなんですね」「さすがですね」と気を遣いながら必死に相づちを打ち、相手の機嫌を損ねないように共感と同調を繰り返します。

会社に対するネガティブな出来事や感情、過去の実績や成功体験などの自慢話、奥さんがどうだ、お小遣いがどうだの仕事に関係のない完全プライベートな話など、延々と自分の話ばかりしている上司がいますが、それでは、部下との関係性はよくなりませんし、部下のモチベーションが上がることもないのは一目瞭然です。

あくまでも、部下との関係性をよくし、部下のモチベーションを上げるための食事会です。上司の話を聞く時間ではありません。

部下との食事会では、基本的に自分の話はせず、部下の話を聞くことに徹しましょう。理想は、部下：自分＝8：2です。9：1でもよいくらいです。

人には、基本的に自分の話を「聞いてほしい」欲があります。自分の話に興味を示し、真剣に聞いてくれる人に対しては親近感も持つようになるため、よりよい関係性を築くことができます。

業務中は、どうしても仕事の話ばかりになってしまうので、部下とよい関係性を築こうにもなかなか難しいところがあるかと思います。しかし、だからといって関係性が築けていない状態で、部下を叱ったり、指導ばかりしていると、部下はあなたを口うるさい姑のように感じてしまい、嫌煙されてしまったり、距離を置かれてしまいます。

部下とよりよい関係性を築いていることが、部下のモチベーションを上げる大前提となります。そのために、部下をもてなし、相手の話を【聞く】に徹してほしいのです。

部下が一番楽しそうに話すお題は何か

話す内容は何でもよいのですが、仕事の話だけでは話題が尽きてしまいますし、部下も楽しくはないでしょう。私の場合は、部下のこれまでの経緯について聞くことが多いです。将来どうなっていきたい、こうしていきたい等の未来の話は、野心的なタイプの部下であれば話が盛り上がりますが、そうでない部下の場合は話が盛り上がりません。過去のほうが、自分が経験してきたことを話せばよいので、部下も話しやすいです。

・前職
・大学の専攻や得意科目
・サークルや部活は何をやっていたのか
・家族のこと
・彼氏彼女のこと
・好きなもの／嫌いなもの
・出身地
・趣味
・好きな芸能人
・好きな音楽

そして、部下が一番楽しそうに話をする話題を深掘りしてあげましょう。

また、過去の話に部下の価値観が隠れていることが多いです。前職を辞めた理由、大学の選び方、学生時代の過ごし方や家族との関係性を聞いていくと、部下が大切にしていること、重要視していることが見えてきます。

7　答えを教えない

考えさせる

部下に対して、自分がやったほうが早いと仕事を奪ってしまう人がいますが、その日だけ見れば早く仕事を終わらせることはできても、部下はいつまで経っても成長できず、自立もできません。すぐに答えを教えてしまえば時間はかかりませんが、部下は自分で考えることを辞めてしまいます。マニュアルどおりであることを徹底させれば大きなミスやクレームは防げますが、部下は自分で問題を解決していく力を身につけることも、苦労して問題解決できたときの喜びを味わうこともできません。

日頃の業務もこなしつつ、部下を一人前に育てていくことは容易なことではありませんが、ある程度は部下の自由にやらせ、考えさせ、失敗も経験させながら、育成することが上司の仕事です。

解決する力を身につけさせる

部下から質問があったときには、私は必ず次のように聞き返します。

「あなたならどうする？」

「あなたはどう思う?」

考えさせることが目的なので、その場ですぐに答えが出てこなくて、答えが間違っていてもよいのです。

答えを聞けばすぐに教えてもらえると思っている若者が多いのですが、それではいつまで経っても自立できません。大手企業でもリストラの行われるこの日本社会で生き残っていくためには、問題解決力を身につけておくことは必要不可欠です。

もし、「わかりません」と言われたら、「じゃあ1日考えてみよう」と時間を与え、翌日答合せをします。それでもわからなかったということであれば、ヒントを与え、またもう1日考えさせます。

※補足ですが、期日の迫っている業務や早急に対応が必要な場合は、クライアント様やお客様に迷惑をかけてしまうので、もちろん、すぐに答えを教えます。

もし、間違った答えを導き出した場合はどうするかというと、それで一旦やらせてみます。失敗することをわかっていても止めてはいけません。そして、実際にやってみてどうだったかを聞くと、大抵「ダメでした」「失敗しました」と落ち込んで帰ってくるので、なぜダメだったのかの原因を分析し、また次の解決策を考えさせます。

自分で解決する力を身につけさせるためですから、決して答えを教えません。失敗から得られることも多いので、決して失敗するとわかっていても止めません

初めこそ部下は戸惑いますが、毎回このように答えを教えない戦法を繰り返していると、やがて

「自分ではこう思うのですが、どう思いますか?」「私は○○したほうがいいと思うのですが、この場合どうすることが先決ですか?」というように、自分の考えや自分なりの答えを導き出してから、相談に来るようになります。

答えを教えないことで、考えるクセをつけさせましょう。

8 間違っていても指摘しない

達成感を味わう

私は、専門学生時代、TOEIC900点越えを目指して勉強をしていました。初めて受けたときのTOEICの点数は600点台。そこから700点台、800点台と順調に上がっていったのですが、どうしても900点台に乗らないのです。

卒業までの3年間で7~8回ほどテストを受けましたし、問題を覚えてしまうくらい過去問も解きまくって、おまけに1年間交換留学でアメリカに住んでいたのに、それでも帰国して1発目のTOEICの点数は800点台後半だったのです。

卒業までにどうしても900点台を取りたいと勉強を続け、卒業前最後のTOEICで見事900点を越えました。あのときの達成感は今でも忘れられません。

この目標達成のために、私は、3年間ひたすら試行錯誤し続けました。勉強の仕方に問題があるかもしれないと、いろいろな勉強法を試しましたし、点数に追われて本来の力が発揮できていないのではないかと、プレッシャーに強くなれるようなマインド系の本を読み漁りました。

９００点を取れない原因と対策を考え、それを次のテストで実行し、失敗する。また原因と対策を考え、それを次のテストで実行し、また失敗する。

それらを繰り返して、やっと掴んだ９００点は、頭のよい人がさらっと取った９００点とは重さが違います。得られた学びの量も、自分についた自信も、苦労してほしかった結果を3年越しに得られた達成感も全く違います。この成功体験がどれほど私の人生にプラスになったかは計り知れません。

実際に、飲食店アルバイターから独立して会社を持つまでの研修期間、なかなか辛いこともたくさんありましたが、それでも諦めずに続けられたのは、このＴＯＥＩＣでの成功体験が大きく関係しています。実力をつけ、独立することができたら、きっとあのＴＯＥＩＣのときよりも大きな快感が味わえるのだろうと思えたからこそ、大変なことにも耐えられましたし、ワクワク感を絶やすことなく、ここまでこれたのだと思います。

間違った答えを導き出した場合でも、答えは教えずに、一旦部下のやりたいようにやらせてみると「8　答えを教えないで」で記述しましたが、これにより部下に目標を達成したときの喜びを感じてもらうことができます。

簡単な問題を解けても嬉しくも何ともないですが、超難解な問題を試行錯誤して解けた瞬間は、何とも言えない達成感があります。

誰でも受かるような大学から合格をもらうよりも、何年も必死に勉強して勝ち取った行きたい大学からの合格のほうが何百倍も嬉しいです。

多くの高校生が、甲子園での優勝を目指して、朝早くから夜遅くまで、土日も休まず練習に明け暮れた日々があるから、優勝を勝ち取った瞬間の喜びは一生ものになりますし、あんなに多くの観客を感動させられる試合になるのではないでしょうか。

仕事でも、答えを教えて正しく業務をこなさせることは簡単ですし、効率的にムダな労力をかけずに仕事を進めることはできます。しかし、それでは、部下は成長しないですし、仕事に喜びや楽しみややり甲斐を見い出せなくなってしまいます。

答えが間違っていてもいいのです。やり方が遠回りになってもいいのです。

自分で苦労し試行錯誤して悔しい思いをしながら、正解にたどり着かせることで、部下は仕事のおもしろさに気づきます。正解にたどり着けたときの快感や、難しい任務をやり遂げたときの達成感を1度でも味わうことができたならば、部下は仕事にやりがいを感じるようになるでしょう。

また、こうした成功体験から部下の自信を育てることもできます。仕事をこなせばこなすほど自信のついていく部下は、次々と仕事に精力的に取り組むようになっていきます。

ただし、部下にある程度自由を与える分、尻拭いをしなければならない場面もたくさん出てくると思います。ミスをしてクライアントに迷惑をかけるかもしれませんし、期日内に終わらせられないこともあるかもしれません。そのときは、「あいつが勝手にやったんだ」と責任を部下に押しつけず、部下の代わりに頭を下げてください。

部下に意図を伝えておく

以前、「部下を育てるために答えを教えずにいたら、部下から何を聞いても教えてくれないと不満を抱かれてしまった」と、人材育成を始めたばかりの方から相談を受けました。確かに、部下からすると、初めての仕事に不安もあり、怒られ慣れていない若者も多いですから、なるべく事故らないように、叱られないように、ミスをしないようにと、細かいところまで聞きにくる人がいます。そんな部下には、きちんとこちらの考えを伝えてあげてください。

少しばかりレベルの高い仕事を成し遂げたときの達成感を味わってほしいことや、自分で考え答えを導き出せる人に成長してほしいことを包み隠さず伝えた上で、「だから自分で考えなさい」と突き放します。「ただ、決して見捨てるわけではない。ミスをしたら一緒に頭を下げるし、どうしてもわからないときは助けるから」と伝えておけば、部下も心おきなく仕事に取り組めるはずです。

9　成長を実感させる

自分で自分を褒める

私が起業する直前、独立支援制度のある会社に入社する前というのは、アルバイトのようなニートのような毎日を送っていました。週3日／1日3時間だけ働くというマイルールのもと、某大手チェーンのカフェでアルバイトをしていました。休みの日はもちろんのこと、仕事のある日もきっちり3時間でタイムカードを切って速攻で帰宅し、ほぼ毎日のように家でだらだらソファーに寝そべりながら、録画したテレビ番組を見ていました。

そんな自分がなぜ自信を持って仕事ができるようになったかというと、目の前のことを1つひとつをこなしていくと同時に、必ず毎回自分自身を褒めていたんです。

独立を目指して入社したコールセンターの会社では、毎朝6時には起床し、7時過ぎにはオフィスへ到着していました。それが毎日できるようになると、週3日しかまともに働けなかった私が、毎朝早起きして会社に来ている、すごい！　めちゃくちゃ成長している！（笑）と自分を褒めていました。

そして、いざ業務が始まると、なかなかアポイントが取れない中、それでも決して手を止めずに電話を架け続けている私、何かすごくない？　ちょっと前までは1日3時間しか仕事してなかったのに！　とまた自分を褒めます。

初めてアポイントが取れたとき、緊張し過ぎてあまり当時のことを詳しくは覚えていませんが、顔の見えない電話営業で、自分の声とトーク力だけでアポイントが取れた！　私って天才じゃないとまた自分を褒めます。

そんな小さな1つひとつの自分の成長を自分で確認して、自分で自分を褒める、この繰返しを自分の心の中で、いつもいつも呟いていました。失敗してしまったときやミスしてしまった日など、落ち込みやすいときほど意識して褒めていました。

私がこれまで育成してきた部下の中には、いつも今目の前にある壁を乗り越えることができないとそのことばかりに悩んでいる子がいます。その目の前の壁にぶつかるまでに、相当たくさんのできるようになったことがあるはずなのに、それまでの自分の頑張りをすべて忘れてしまったかのように、目の前の壁と格闘ばかりしていて、自信を失っているのです。

部下が以前の自分から成長できたことを「自信」に繋げてあげるためにも、成長を常に実感させることはとても重要です。

過去と比較する

モチベーションが下がる瞬間があります。それは成長を感じられないときです。

パーソナルジムに通い始めて６か月が経ちますが、その間に実は何度かジムを辞めようかと考えたことがありました。それは、筋トレが嫌になったからではなく、トレーニング内容に不満があったわけでもなく、トレーナーさんが嫌いになったからでもなく、単純に成長を感じられなくなったからです。

食事制限をしても、自宅での筋トレやストレッチを継続しても、体脂肪率が一向に下がらず、筋肉量も変わらない日々が続いたときに、続けていても意味がないなと感じてしまい、変わらないなら我慢して食事制限をするのもバカらしいし、ジムを辞めるか、はたまたもっとハードなトレーニングができそうなジムに変えるか悩みました。

しかし、さすがだなと思うのは、トレーナーさんが丁度そんな落ち込んでいるタイミングで、必ず過去と比較して褒めてくれるのです。

「始めたばかりの頃は、60分のトレーニングが終わった後、バテバテで、顔死んでたのに、最近はスッキリした表情されてますね！　いいですね！　体力がついてきた証拠ですよ！」

「前は足上げの動作できなかったのに！　すごいじゃないですか！　成長していますね！」

「うまくなりましたね〜！　股関節の可動域がだいぶ広がってますよ！」

成長していると実感させることで、モチベーションは上がります。

「そうか、筋肉量の数字だけ見たらあまり変わってないけど、確かに、最近トレーニングが終わった後のだるさがないな」と成長を実感します。「そう言われてみれば、前はこの動作が全くできなかったなぁ」なんて懐かしく思いながら、数字だけがすべてではないと思えるだけで気持ちが楽になりますし、褒められると、「次はもっと頑張ろう」とやる気もアップします。

成長している感じがしないと不安になります。

ダイエットも、体重が減らないとイライラしてきますし、勉強もテストの点数や順位が上がっていかないとやる気が下がってしまうように、仕事も成長しているのかしていないのかわからないとモチベーションが上がっていかないのです。

私は、１ｏｎ１ミーティングで、必ず過去を振り返させるような質問をします。

「入社したときってどうだった？」

「この仕事、一番最初に任されたとき、どうだった？」

すると部下は、過去をさかのぼり、数か月前の自分を振り返ります。そして、たった2～3か月前には、必死にやってもやっても業務時間内に終わらせられなかった仕事量を数時間でこなせるようになっていることや、指示がなくても正しくできるようになった業務や、上司に何度も叱られていたことを自分1人できるようになったこと等、できないことができるようになっていることに勝手に気づくのです。

過去と比較し、「そういえばあんなこともできなかった」「こんなこともできなかった」と成長している自分に気づくことができると、それだけちょっと嬉しくなるものです。

成長していることを実感できると、モチベーションも上がります。

私は、某コールセンターの会社で仕事を始めた頃、毎週自作の振返りシートを書いていました。そのシートには、「今週学んだこと、できるようになったこと」を箇条書きで記していたのですが、今読み返すと笑ってしまうような簡単なことですら、当時は「やっとできた！」と喜んでいたのです。

・堂々とハキハキ話すことができた
・笑顔！　口角が上がると声のトーンも上がる
・一方的に話さない。会話のキャッチボールを大切にできた
・嫌味なことを言われても、感情的にならず、丁寧な対応ができた
・去り際をきれいにできた
・先週より3件多くアポイントが取れた

こんな具合で、できるようになったことを毎週欠かさず記録に残していました。これらを翌月や翌々月に見直してみると、私はこんなにレベルが低かったのかと呆れてしまうほど、私は営業ができませんでした。それでも、この振返りシートがあったおかげで、毎月確実に成長できていることを実感でき、自信を失わずにやり続けられました。

肩の力を抜いてあげる

そして、私は、部下に次のように続けて言います。

「この数か月でものすごく成長したよね。今、目の前にある悩みもきっと2~3か月後には悩んでないから、大丈夫だよ」と笑って伝えてあげると、肩の荷が下り、部下の表情も和らぎます。

目の前にある不安や悩みで思考を支配され、これをまず解決しなければ先には進まないと必死な形相のスタッフをたまに見かけます。それらの目の前にある問題は、確かに部下が乗り越えなければいけない壁なのですが、力んでいても解決はしていきません。

スポーツでも、変に力が入っているときより、少し肩の力を抜いてリラックスしているときのほうが高いパフォーマンスを発揮できるように、仕事も適度に力を抜くことが必要です。

「1つひとつこなしていけば、あなたならできるよ。だって3か月前にはこれもあれもできなかったのに、ここまで成長したんだから」と伝えてあげると、それだけで部下は無駄な力を抜き、最高のパフォーマンスができるのです。

第6章　マネジメント応用編

1　我が強く言うことを聞かない部下【承認する】

「上司が悪い」と責任転嫁する部下

2年前の夏頃に、コールセンター枠で弊社に面接へ来た20代の男の子（以下、Pさん）は、もともと訪問販売をやっていた経験もあり、営業には自信があるようでした。私が最終面接で「コールセンターはお客さんの顔が見えないので、訪問販売とは少し違ったスキルが必要ですし、やり方が違うなと思う部分もたくさん出てくると思いますが、問題なさそうですか？」と聞くと、Pさんは「全く問題ありません、営業には自信があるので、訪販だろうが電話だろうが自分は大丈夫です」と躊躇なく返答しました。

実際、入社してどうだったかというと、入社して3・4か月経っても、Pさんは全く成果が上がりませんでした。成果が上がらないどころか、未経験でコールセンターをスタートした同期にも抜かれ始め、本当に前職で営業をやっていたのかどうかも怪しくなってきた頃、私は見かねて現場の育成責任者（Pさん直属の上司）と面談をしました。「Pさんは、何であんなに結果が出ないの？」と単刀直入に聞くと、その理由は明白でした。

Pさんは、とても我が強く、上司のアドバイスや指示に全く従っていませんでした。

「自分はこう思います」「それは○○さんのやり方ですよね？」とアドバイスをしても、そのとおりにはやらず、自己流を突き通します。それでいて結果が出ないと、「自分は悪くない。この案件がダメなんだ」と言い訳をします。おまけに、前職である程度の結果を出していたらしく、よっぽど自信があったようで、「こんなに自分は頑張っているのに、それでも結果が出ないのはリストが悪いからだ」「上司の教え方が悪いからだ」と責任転嫁をし始めていました。まさに、ああ言えばこう言う状態です。

Pさんは、上司との口論になると、争いを避けるようにすぐ「はい、わかりました」と返事はするのですが、その表情は不機嫌そうで、全く納得しておらず、結局その場だけで、次の日には自己流で電話営業をしています。

やがて、クライアントからPさんにクレームが入ります。「こういった案内の仕方はしないでほしい。架電者のPさんに指導をお願いします」とメールが飛んできました。

上司は、すぐにPさんを呼び出し、クライアントからの声を包み隠さず伝え、改善するよう指導をしたのですが、それでもPさんはやり方を変えず、最終的にはその案件からは外されてしまいました。

部署を変え、別の案件を任されるようになっても、また同じようなクレームがクライアントから入り、また上司が指導に入るのですが、「上司の伝え方が悪い」「共有の仕方がなってない」など文句が横行し、一向に解決しませんでした。

Pさんは、営業力がないわけではなかったのですが、我が強くておまけに負けず嫌いなので、上司も手を焼いてしまい、最終的にはどうしたらよいかわからないと上司も諦めモードに入っていました。

ここまで我が強いタイプは、私も初めてでしたが、Pさんが小さな子どものようにただ我儘を言ってごねているようには見えず、何か理由があるのかもしれないと思い、Pさんとガッツリ話をしてみることにしました。

Pさんは、お酒をよく飲むと聞いていたので、居酒屋へ連れて行き、Pさんがどういった考えで仕事に取り組んでいるのか、どうしてその考え方を大事にしているのかを聞いてみました。飲み始めは、明らかに上辺だけのありきたりな回答しか返ってこなかったのですが、私は何度もPさんのことをちゃんと理解したいんだと伝え、何度も同じような質問をし、理解できないところはもう1度教えてほしいと懇願し、Pさんの話に耳を傾けました。

すると、Pさんは、お酒もまわり始めたくらいから、少しずつ自分の過去の話を始めました。前職で信頼していた人に騙されたこと、自分のせいで不幸になってしまった友人の話、これまで抱えてきた人間関係の悩み、家族の話、本当にいろんな話を聞かせてくれました。

私は、一言一句聞き逃さないようにと、食べるのも忘れて聞きにいるように相槌を打ち、Pさんがこれまでどんな気持ちでどんな決断をしてきたのか、想像をしながら話を聞きました。気づけば、飲み始めてから4～5時間経ち、終電もなくなりそうな時間帯になっていました。

時間も遅くなってしまったので、そろそろ帰りましょうとお会計をしてお店を出ようとしたときに、Pさんは私に消え入りそうなか細い声でこう言いました。

「これまで1度も、こんな風に自分のことを知ろうとしてくれた人はいなかったです」。「ご馳走様でした」とお礼を言い、駅の改札口で別れたときのPさんの表情は、これまで見たことのないくらい柔らかく、とても優しい顔をしていました。

部下の価値観を大切にする

我の強い人は、文字どおり「自分」を強く持っています。よい言い方をすると、常に「自分はこうしていきたい」「こうありたい」という自分の意思をしっかりと持ち、それらを貫き通すことができるのですが、悪い言い方をすると、柔軟性がなく、それ以外のものをなかなか受け入れられません。そのため、考え方や方向性の違う人やものとは真っ向からぶつかってしまいます。「会社のルールだからこうしなさい」とか、「こういうものだから」と自分の価値観とは反するものを半ば強制されそうになってしまうと、その指示に素直に従えないのです。

また、会社に合わせる、他人に合わせることは、つまり自分を押し殺したり、自分の価値観を否定しないといけなくなるため、我の強い人からすると、どうしても自分自身を否定されているような気持になってしまうのです。自分という人間が認められていない、承認されていないと感じてしまうのです。

Pさんも、上司から指示される内容やアドバイスが間違っているから従わなかったのではなく、Pさん自身がこれまで大切にしてきたやり方と違うため、まるでこれまでの自分を否定されているかのように感じ、自分自身を守るために自己流に走っていたのです。

権威や権限を使って上から指示を出し、無理やり従わせようと思えばできなくもないですし、その場だけであれば収めることができても、上司部下としての人間関係は崩れてしまいます。信頼も信用もない状態では、部下を育成することもできません。

私は、Ｐさんの話を聞いている間、決して彼の考え方や価値観を否定しませんでした。「そうなんだね」「そう思ったんだね」と、Ｐさんの気持ちを受け入れてあげるような相槌を意識し、共感と同調を繰り返してあげることによって、Ｐさんは自分自身を受け入れてもらえたような感覚になったのだと思います。

翌週から、Ｐさんは信じられないほど素直に指示に従ってくれるようになりました。これまでのように、上司に負けてたまるかと、どこか意地を張っていたところもなくなって、角が取れ、周りのスタッフからも話しかけやすくなったと慕われるようになり、今では現場の責任者として仕事をしてくれています。

2　我が強く言うことを聞かない部下【自己肯定感を与える】

主導権を部下に渡す

我の強い部下をマネジメントしていくためには、まずその部下の話をしっかりと聞き、部下の価値観を上司がしっかり理解していること、部下が上司に自分のことを理解してもらっていると認識していることが大前提となります。

Pさんとの関係性が少しずつよくなってきたところで、私はPさんに指示を出すことを一切やめました。そして、Pさんにこう言いました。

「基本的には、Pさんが正しいと思うことをやってみたらいいと思う。Pさんは、実力もあるし、感情論ではなく、ちゃんと論理的に考えられる人だし、これまでの仕事に対する姿勢を見てきて、私はあなたを信頼してるから。どうしても自分だけでは解決できないってときは、もちろんいつでも助けるから、すぐに声かけてね」。

こちら側のやり方を強制するのではなく、Pさんのやり方を尊重する姿勢を見せ、応援するスタンスで話をし、決定権を彼に託したのです。

このことによってPさんは、「上司から信頼してもらえた」「自分を認めてもらえた」と承認欲求が満たされるだけでなく、重要な仕事を任せることで、「自分がしっかりしなければ」という責任感も生まれました。

Pさんには、自己流で仕事を進めながら、成功体験を積み、自信をつけさせるだけでなく、このタイミングであえて何度か失敗もさせます。これは失敗するだろうなとわかっていても、失敗するまで教えません。彼から相談があるまでサポートもしません。

これまでのPさんであれば、失敗をすると、「悪いのは自分じゃない」と他責に走っていましたが、自己肯定された環境で仕事ができるようになった彼は、もはや無理にミスや失敗を他責する必要がないのです。

Pさんは、ミスや失敗をすると素直に相談に来るようになりました。

「自分なりに考えてこうしたほうがいいと思ってやりました。でもダメでした…。小串さんならどうしましたか？」。うまくいかないことから逃げず、自責させることで、Pさんはより貪欲に学ぶようになり、周りも驚くほどのスピードで成長していきました。

また、人に助けを求めることや協調性をもって仕事を進めることの大切さも、同時に体感してもらうことで、Pさんはより魅力的な人へと変わっていき、後に多くの後輩から尊敬されるトップリーダーとなりました。

ちなみに、基本的に人材育成を行う際には、こちらから先に、「助けてあげるから」と手を差し伸ばしてはいけません。部下のほうから助けてほしいと手を差し出してきたら、そこで初めてその手を取ります。そして、何が間違いにつながったのかの原因と対策を一緒に考えながら、正しい道へ導いていきます。

我が強い部下の育成ポイント

我が強い部下の育成ポイントは、次のとおりです。

①　部下の話を聞くことで部下を正しく理解する。

部下が上司に正しく理解されていると認識している。

② 部下を信頼していることを伝え、決定権を渡すことでしっかり承認する。

自由に仕事をさせることで、自己肯定感を与える。

そして、大事なポイントがもう1つ。

③ 大きな事故が起こらないよう、裏でこっそり進捗を確認する。

部下には気づかれないように、こっそりサポートする。

裏では、大きなミスがないかチェックをしたり、進捗状況を逐一確認しておきます。抜け、漏れがある場合には、こっそりサポートもしておくのですが、あくまでこっそりです。ここは結構重要です。

Pさん本人には、あくまで自分がやっているんだと思わせておくことが必要だからです。しかし、かといって本当にすべてを丸投げしてしまい、大きなミスに繋がってしまうと、会社の損失が出てしまったり、クライアントに迷惑がかかるので、大事故だけはないようこっそり見張っておきます。

もし、どうしても部下に指示を出したい場合や、ここはアドバイスに従ってもらわないと困るという場合には、命令はせず、お願いをしましょう。

「指示どおりにやってください」「こういったやり方をしてください」ではなく、「こうしてほしいんだけど、Pさんにお願いできないかな？」「嫌だなぁと思うかもしれないんだけど、今回はどうしてもこうしてほしくって。お願いできないかな？」とやんわりお願いします。

お願いをされたり、人から頼りにされて嫌な気分のする人はほとんどいません。「しょうがない。そうしてあげましょう」と、少しばかり嬉しそうな顔で申し出を受けてくれるはずです。

3 指示待ち型、自発性のない部下【考えるクセをつけさせる】

自発性を潰されたアルバイト時代

小さな個人経営の塾で、英語教師としてアルバイトをしていたことがあります。教師といっても授業を持っていたわけではなく、自由勉強をする生徒の監視と、英語を勉強していてわからない生徒がいれば教えるくらいのものでした。

小学生・中学生に別れて教室に入り、基本的に生徒たちは教室内の自由な席に座り、それぞれ勉強したい科目を自由に勉強し始めます。

この塾でのルールは、「勉強をすること」――この1つだけでしたので、学校の宿題をやってもよし、夏休みの宿題をやってもよし、親が買ってきたのであろうドリルや問題集をやってもよし。私の仕事は、基本的には勉強をサボってお喋りをしている生徒を注意し勉強させること、そして、小・中学生レベルであれば英語以外の科目でも教えられたので、いろいろな教科の勉強をサポートすることでした。

そこの塾長は、60歳を超えたおじいちゃんで、とても我が強く、「自分が決めたルールは絶対」で、どれだけ意見をしても決して耳を傾けてくれることはありませんでした。生徒のためにと考えた勉強法やアドバイスを真っ向から否定し、「私のほうが長くこの塾にいて、生徒のこともよくわかっているから、君は言われたことだけをやっていればいいんだ。余計なことは考えなくていいし、やらなくていい」と言われたことがありました。

私は、そのときに、「確かにそうだな」と妙に納得してしまったのです。余計なことをして生徒たちの成績が下がってはよくないし、塾講師としては経験ゼロの私が考えるよりも、経験者の方のアドバイスに従って動いたほうが、生徒にとっても生徒の親御さんにとっても塾にとってもよい結果が出るだろうと思ったからです。

それ以降、塾長に言われたこと以外はやらず、言われたことだけを正しく実行する、まさにＡＩのような仕事のこなし方をしていました。

ある飲食店でホールスタッフのアルバイトをしていたときも、仕事を始めて最初の数週間はマニュアルに沿って動くのですが、途中から「こうしたほうが効率的だよな」「こういったサービスをしてあげたほうがお客さんは気持ちいいよな」と思うところがあって、それを店長に相談しに行ったことがあるのですが、「マニュアルどおりに動いてくれ。お店がよくなるようにとか、お客様のためにとか、そういったことを考えるのは店長の私の仕事だ。マニュアルに書いていないことをやって、ミスでもされたら迷惑だから」と、速攻で私の意見は没をくらいました。

他のアルバイト先でも同じような感じで、ほとんどの職場でマニュアルやルールに忠実なほうが褒められますし、喜ばれます。自発的な行動をすると、逆に嫌な顔をされることのほうが多かったです。

考える機会がなかっただけ

「うちの部下は、指示がないと動けないんですよ」
「もっと自発的に動いてほしいんですよね」
「最近の子は、消極的な子が多いんですよね」
と相談を受けることがありますが、その子たちがもともと消極的な性格をしているわけでも、自発的に動けないわけでもなく、おそらくそもそも社会人としてデビューする前に、私のように、自発的に考えることのできる環境のなかった子が多かっただけなのではないかと考えています。

自信がないわけではなく、考えられないわけでもないのです。ただ、単純に、これまで考えてこなかっただけ（考えなければならない状況がなかっただけ）、考えるクセがついていないだけなのです。

私自身、初めて社会人として働き始めた頃は、このギャップに躓きました。これまでのアルバイトでは、ルールを守り、マニュアルに忠実に動くことで高評価を得ていたのに、実際の社会は、積極的な行動が見られないと「やる気がない」というマイナスな評価をされてしまいます。

私の中では、「自分で考えて行動することによって周りに迷惑をかけてしまうかもしれない。余計なことをして、仕事を増やしてしまうかもしれない」という強い思込みがあったので、特に社会経験の浅い新人時代には、なかなか自発的に行動することができませんでした。

では、積極的な発言や自発的な行動は、年齢を重ねさえすればできるようになるのか？　社会人としての経験が長くなればなるほど、上司からの指示がなくても自分で考え動けるようになるのか？　というと、答えはＮＯです。

私は、ここ2~3年で、20代後半~40代前半の方々とお会いし、お話する機会が多かったのですが、勤続年数の長さに関係なく、何かと「会社のルールだから」と考えることを放棄している方もいれば、常識の枠に囚われず、「もっとこうしたほうがよくなる」「こんな施策はどうだろうか？」といつも様々なアイデアや解決策を次々と提案している方もいらっしゃいました。

逆に、高校を卒業してすぐの10代であっても、積極的に上司へ働きかける子たちもたくさん見かけました。

つまり、年齢も社会人経験もこの問題においては実はあまり関係がなく、考えるクセがついているかどうかなのです。これまでの人生で、どのくらい自分で考えなければならない場面に遭遇してきたかなのです。仕事を覚えていくうちに勝手に自主性が身についていくわけではないですし、社会人経験を積めば積むほど自然と指示がなくても自発的に動けるようになっていくわけではありません。

では、考えるクセをつけさせるためにはどうしたらよいかというと、相手に意見を聞くようにすればよいのです。部下が何かしら質問や相談に来たときに、「○○さんはどう思う？」「○○君だったらどうする？」と毎回相手に考えさせるのです。

ここでは、答えの合っている間違っているは重要ではないので、正しい答えを導き出させることよりも、まずは自分の意見をどんなときでももたせるようにすることを習慣化づけてあげてください。

初めは、部下に意見を求めても、「わかりません」と言う返しが大半だとは思いますが、それでも諦めずに何かあるごとに部下の意見を聞き続けてください。その場ですぐに答えが出てこない場合は、もし時間的に余裕があれば、「今晩考えてみて。明日の朝また同じ質問をするから」と時間を与えます。

とにかく考えざるを得ない状況を何度もつくり出すのです。

意見を述べやすい環境づくり

そして、もう1つ大切なのは、部下の意見や考えを否定しないこと。

意見を言う度に、毎回、「違う！」「どうしてそんなこともわからないんだ！」と叱られてしまったら、おそらく部下は自分なりに考えた回答ではなく、インターネットか何かで模範解答を探し出し、〝上司から叱られない〟回答を準備してくるでしょう。

考えるクセのなかった私が積極的に考えるようになったのは、どれだけとんちんかんな回答をしても、「きっと真剣に考えたんだよな」と笑って受け入れてくれた上司がいたからです。

部下がどんな答えを導き出してきたとしても、ありきたりな回答だったとしても、幼稚な発想から生まれた回答だったとしても、否定せず、必ず１度受け入れてあげてください。そして、〝答えの中身〟よりも、〝自分なりに考えた〟というその行い自体を褒めてあげてください。そうすることで、部下は上司の顔色を伺わなくなりますし、型にハマらない自由な発想ができるようになります。

4　指示待ち型、自発性のない部下【TRY&ERROR】

自ら考え実行させる

指示待ちなスタッフに関しては、基本的にすぐ答えは教えません。まず自分で考えさせ、考えるクセづけをさせます。

部下に考えさせるようになっても、最初の１～２か月は、おそらく何を聞いても８割「わかりません」という回答が返ってきます。考えるクセがついていないので、本当に考えてもわからないのです。ここでイライラせず、冷静に対応してあげてください。時間的に余裕があれば、「きょうの終業時間までに」、もしくは「一晩考えて明日の朝までに」と部下に少し時間を与えます。

３～４か月もすると、自分の意見を考えてから相談に来るようになります。「この件なんですが、私は○○するのがよいと思うのですが、小串さんだったらどうしますか?」「この仕事のここがよくわかりません。こういったやり方が正しいのかなと思っているのですが、自信がありません」など、こちらから部下に意見を聞かずとも、自分の考えを述べてから、答えを教えてほしいと相談に来るようになります。

ここまでくれば、だいぶ考える癖がついている状態ではありますが、自発的に動けるようになるまでに、もう1段階レベルの高いマネジメントが必要です。

私は、社会人1年目、仕事でわからないことがあったときやミスをしてしまったとき、その原因の見つけ方や対策の考え方など、上司から答えを決して教えてもらえませんでした。上司からは、「自分で考えて、やってみて、失敗したら、また考えろ」と言われていたからです。

そのため、基本的に自分で考えた行動をそのまま実行に移していました。実行してみて初めて自分の答えが正解だったのか不正解だったのかがわかります。やってみて失敗したら間違っていたんだなと反省し、原因と対策を考えます。また挑戦してみて失敗したら反省し、原因と対策を考えます。また、実行してみて、失敗したら反省し、原因と対策を考えます。それを毎回毎回繰り返すのです。

すると、半年もすると、このTRY&ERRORを繰り返すこと自体が習慣となっており、どんな問題にぶち当たっても、基本的には自分の考えを実行し、間違っていたらまた新しい案を自分で考え実行するという流れができ、気づけば上司の指示がなくても、「こうかな?」「ああかな?」と勝手にあれこれ考え、とりあえずやってみるというチャレンジ精神とセットで身体に染みついていたのです。

　私は、基本的には部下が考えてきた問題に対する解決策やアイデアをそのまま実行に移させます。「基本的には」というのは、部下が考えてきたことをすべてすぐに実行させるわけではなく、あまりに的外れな答えが返ってきたときは、もう1度考えるように促したり、ヒントを与えたりするからです。

失敗を糧にさせる

　そして、答えが間違っているとわかっていたとしても、1度はやらせてみます。失敗をすることで学ぶことも多いですし、正解を教えられてそれをそのまま実行しただけでは、それは部下の成功体験にも経験値にもならないからです。

　間違っていたら、なぜ失敗したのかの原因と次の新しい解決策を考えさせます。答えは、自分で見つけるまで決して教えません。ちょっとしたヒントを与えることはあっても、答えを見つけるまでに長い時間がかかってしまっても、手を貸したりはしません。これを繰り返すことで、時間はかかりますが、TRY&ERRORが身体に染みついていきます。

　また、第5章の「9、間違っていても指摘しない」でも記述しましたが、何度も失敗したその先で「正解」にたどり着けたときには、部下はきっと大きな達成感を味わえます。それは成功体験となり、部下の経験値になります。また、積極的にTRYしていこうと前向きな姿勢で次の仕事に取り組めるようにもなります。

将来的に自発的な行動のできる部下を育てたいのであれば、長い目で見て、部下にたくさん時間をかけ、たくさん失敗をさせたほうがよいのです。

5　自信のもてない部下【第三者アクノリッジ】

「どうせ自分なんて」と悲観的な部下

面接のときからどことなく控え目で、声も小さく気弱そうだった女の子（以下、Qさん）は、とにかく自信がありませんでした。

朝礼のときには、先輩スタッフの後ろでこそっと隠れるようにして参加をしていましたし、会議のときには、いつも一番端の目立たないところに座っていて、積極的にミーティングに参加したりすることは一切ありませんでした。

仕事においても、任された仕事に対しては一生懸命取り組んでくれるのですが、基本的には先輩や上司からの指示を待っていて、自分から仕事を取りに行くということはなく、ただただミスなく業務をこなす感じのまさに見た目どおりの消極的な子でした。

Qさんからは、「自信がないんです」とよく相談がありました。「自分にはできる気がしない」と業務中に泣き出してしまうことも多々ありましたし、少しばかり大きな任務を任せるとすぐにパンクしてしまいます。叱られ慣れていなかったので、注意されただけで、体調を崩して休んでしまいます。

ある日、体調不良が続いていたQさんに病院に行って検査するよう伝えると、その日の夕方にQさんから連絡があり、何と医者から仕事をやめるように言われたというので驚きました。検査結果は、ストレス性胃炎で、そのストレスの原因がおそらく仕事だろうと言うのです。

Qさんは、入社当時まだ23歳で、それまでの社会人経験といったら飲食系のアルバイトしかなく、おまけに経験したアルバイトのほとんどを2～6か月で辞めてしまっており、長く1つの仕事を続けたこともなかったのです。

新人のQさんには、重荷にならないよう、大きな仕事やプロジェクトを任せたりすることはなかったのですが、それでもQさんには些細なことがストレスとなり、プレッシャーとなっていたのでした。

Qさんは、小さい頃からエレクトーン、水彩画、英会話など、多種多様な習い事をしていました。しかし、コンクールで優勝をしたり、何かの賞をもらったこと等は1度もなく、結局、どれも中途半端な状態でやめていました。これまで何1つ最後までやり切ったことも、達成した経験もないため、Qさんは自分を信じることができなくなっており、何を始めるにしても「どうせ自分は継続できない」「どうせ途中で嫌になってやめてしまうんだ」と思い込んでいたのです。

医者から仕事をやめるように言われたときも、驚いたり落ち込んでいる様子はなく、「ほらね、やっぱり私はダメなんだ」と端から諦めていたような表情をしていました。

私は、Qさんにもう少し頑張ってみないかと提案し、彼女の同意のもと、退社を取り下げました。

私は、まずQさんに小さな成功体験を積ませようと考えました。何か1つでも「やり切った」という体験ができれば、それが「自分も頑張ればできるのかもしれない」という小さな自信に繋がります。そうした成功体験を積み重ねていけば、塵も積もれば山となるように、少しずつでも自信がついきて、数か月後には「私ならできる」と前向きに仕事に取り組んでもらえるのではないかと考えたのです。

しかし、何を任せても不安そうで、何度も確認作業を行ってから実行するほど心配性な彼女は、結局ミスなく仕事ができても「確認作業をしてくれた先輩のお陰」「フォローしてくれた上司のお陰」だと言い張り、決してそれらの実績が自分のものであるとは考えてくれませんでした。

これではダメだと作戦を変更し、今度はQさんに仕事の結果以外で自信をつけてもらおうと、ことあるごとにQさんのよいところを見つけては褒めまくりました。

しかし、Qさんは、褒められる度に「いや、そんな、私なんて…」と逆に縮こまってしまい、これもまたあまり効果がありませんでした。

ウィンザー効果

そして、次に取った作戦が、お題にもある【第三者アクノリッジ】です。

これは、どんなものかというと、直接本人を褒めるのではなく、第三者を通じて褒めるという方法です。人には、「第三者の評価を信じやすい」という心理があり、心理学では「ウィンザー効果」とも呼ばれている方法です。

「きょうの服装似合ってるね！」「きょうも一生懸命でいいね！」と、私から直接Qさんを褒めるのではなく、その気持ちを誰かを介して伝えてもらうのです。

「小串さんが、Qさんの服装似合ってるよねって話してたよ！」「Qさんの仕事に対する姿勢を、めちゃくちゃ小串さんが褒めてたよ！」など、誰かに私がそう言っていたと伝えてもらうのです。間接的に褒められると、それが「本音の言葉」として伝わるので、直接褒めるよりも効果が高いのです。

私は、同僚や同じフロアで働くスタッフに協力を仰ぎ、１日１回はQさんの元に私の本音が届くようにしていました。

ちなみに、ここでは、あくまでも私が〝本心で思っていること〟を伝えていました。思ってもいないことをあれこれ伝えても、それらはいずれ彼女にバレてしまいます。薄っぺらく褒められても嬉しくありませんし、Qさんの自信には繋がりません。

私は、ストーカー並みに毎日Qさんを観察し、Qさんのよいところを見つけては、第三者を通して伝えてもらっていました。

そして、これがQさんには効果抜群！

どれだけ褒められても受け入れなかったQさんが、第三者アクノリッジをし続けた結果、始めこそ褒められても「ほんとですか？」と疑いのまなざしを向け、半信半疑な様子でしたが、次第に「え！本当にですか！　嬉しいです！」と素直に言葉を受け止めてくれるようになったのです。

それが自信にも繋がっていったようで、Qさんは少しずつ前向きになり、笑顔が増え、それに比例するように営業成績も上がっていきました。そして、何と、Qさんが入社してから1年が経ち、次世代の新人たちが入社したときには、その後輩たちを指導する新人教育を任されるまでに成長したのです。

6 自信の持てない部下【任せる】

ポジションを与え責任を負わせる

弊社では、採用するスタッフの約95％がコールセンター未経験者です。言葉遣いも、社会人として最低限知っておくべきマナーも、知らないことすら知らないような20代男女が多いため、あまり日常生活では耳にしないような業界の専門用語だけでなく、研修内容に「謙譲語と尊敬語の違い」や「飲みの席での暗黙のルール」なども含まれています。

第1章「1、第一印象だけで判断しない」でご紹介したAさんも、他のメンバーと同じように、業界未経験でアルバイトをスタートしました。見た目は気が強そうな20代前半の彼女は、アパレル関係の会社で正社員として働いた経験があり、言葉遣いもマナーも特に問題はなかったのですが、如何せん自信がありませんでした。

その自信のなさは、仕事を始めて半年経っても変わらず、常に少し先に入社した先輩方を見て、「あの人たちに比べたら私なんて全然ダメですよ…」とよく言っていました。新しい仕事を任せたいと話をしても、「本当に私でいいんですか？（先輩の）△△さんのほうがよくないですか？」と必ずやんわりと断られます。褒めても第三者アクノリッジをしても、彼女のその姿勢は変わらずで、できるようになった業務に関しては、自信をもって取り組めるのですが、新しいことにチャレンジするとなると、途端に逃げ腰になってしまいます。

このままでは変わっていかないと考えた私は、常に先輩を見て不安になってしまうのであれば、その先輩たちが１人もいない新しい事業の立上げをＡさんに任せてみようと思い、早速、彼女を会議室に呼び出しました。

「この事業はこれから立ち上げるから、立ち上がるかどうかも正直わからない。予想していなかったことも、大変なこともたくさん起こるかもしれない。でも、会社としては大きなチャンスだから、絶対に成功させようと思ってる。他の先輩たちは今の業務から抜けられないから、ぜひＡさんにお願いしたい」。

そして、Ａさんともう１人の新人（Ａさんよりも１年近く後に入社した後輩）の２人で立上げに向かわせました。頼れる人もいないので、プレッシャーで潰れてしまわないかと心配していた私を余所に、Ａさんはここから飛躍的に成長し始めます。

毎日の日報と細かな業務の報連相を徹底するようになっただけでなく、毎日のように新しい施策を考え、提案してくるようになったのです。何度失敗してもめげずに、ＴＲＹ＆ＥＲＲＯＥを繰り返します。「私が諦めたら、後輩にも迷惑をかけてしまうし、失敗体験をさせたくないから」と、毎日とにかく必死に仕事に取り組むようになっていきました。

これまでずっと比較していた先輩たちがいなくなったことで、自分自身にフォーカスができるようになったことが大きいと、この新しい事業が立ち上がった後の達成会でAさんは私に教えてくれました。また、「自分がやらなければ」という強い責任感がAさんの中で芽生え、他人を気にする時間がなくなったとも話していました。

この新しい事業の立上げを成功させられたという体験は、Aさんの中で大きな自信となり、その後は先輩スタッフと比較することもなくなりました。

背伸びをしたら届くか届かないかレベルの仕事を任せる

人が育つ一番よい方法は、「仕事を任せること」です。

任せるといっても、育成したいと思っているその部下ができる範囲内の仕事だけを任せていたら意味がありません。仮に失敗してもギリギリOKな仕事を任せます。最悪の場合、自分がカバーできるというギリギリラインの仕事をどんどん任せていきます。

「背伸びしたらできるかなぁ…。いや、でも失敗してしまうかもしれないなぁ…」というギリギリラインの、その部下のレベルの半歩上の仕事をどんどん任せていきます。

そして、「何かあったら私が何とかするから、思いっきりやってみな！」と、部下の背中を押してあげるのです。そんな風に上司から信頼して仕事を任せてもらえたら、きっとその部下は一生懸命頑張ろうとしてくれるはずです。

簡単な仕事しか任せてないのに、「アイツ成長しないんだよなぁ」とボヤいている方をたまにお見かけしますが、そういった人に限って、大事な仕事をすべて自分で抱え込み、いつまで経っても入社した当時と同じような仕事ばかり部下に任せていることが多いです。

全部自分でやってしまったら、仕事効率は上がるかもしれませんが、部下の経験値は上がりません。やらせてみなければ成長していきませんし、失敗しなければ学べないことも多いです。そして、挑戦しなければ一生できるようにもなりません。

なので、任せられる仕事はどんどん部下に任せてあげてください。もちろん、自分が全て尻ぬぐいすると覚悟した上で。

7　優秀な部下との付合い方

自分より頭もよくて仕事もできる部下

ある日、私は、仕事中に上司から呼ばれ、同い年の男性（以下、Rさん）を紹介されました。そして、私よりも高学歴で、誰もが憧れる大手企業で出世コースを歩んでいた彼とそのまま一緒に仕事をしていくことになったのです。

そのとき、私が一番初めに感じたのは、「心強いパートナーができた！」という喜びではなく、「仕事のできない奴だとバカにされたらどうしよう…」という不安でした。

語彙力も、知識量も、社会人としての経験値も、圧倒的に差がある状況で、ただ唯一私がRさんに勝っていたものは、コールセンター業務の経験値だけでしたので、私は「この電話営業に関しては絶対にRさんに負けてはいけない！　なめられてしまう！」と勝手にRさんをライバル視しながら、それでも彼の前では平然とした態度で、いかにも〝私頑張ってませんが、できちゃうんです〟オーラを出しつつ、Rさんと信頼関係を築くことを忘れ、自分のポジションと名誉を守ることに必死になっていました。

今だから言える話ですが、本当に当時は負けたらダメだと必死だったのです。

今でこそ「経営者／社長」という肩書きがありますが、親のスネをかじりまくってニート生活をほんの数か月前まで送っていた当時の私は、根本に全く自信がありませんでした。

普通の人よりもわからないことをわからないと言ってバカにされるのが怖かったですし、誰かに助けを求めて「ほら、やっぱりアイツはダメな奴だ」というレッテルを貼られるのも嫌でした。常に周りの目に怯えてたのです。

しかし、自分だけでは解決できないのに1人で抱え込んでいてもいつまで経っても状況は変わっていきませんし、本当は知らないのに何かを聞くのが恥ずかしくて知っているフリしているほうがよっぽどリスキーです。

どうしても、自分1人では限界がきます。

いくら自分をよく見せようと背伸びをしてもどこかでボロが出てしまいます。

私は、背伸びをやめました。そして、Rさんに、自分の過去を洗いざらいすべて話し、「Rさんからしたら、何でこんなことも知らないんだろう？　と思うようなことを知らないかもしれないし、人としてもまだまだ未熟なところがあるから、不快にさせるようなことがあったらごめんなさい」と、包み隠さず伝え、自分自身の不甲斐なさを認めた上で、「でもRさんとは一緒によいチームをつくっていきたいと思ってるから、協力してほしい」と、素直に自分の気持ちを打ち明けました。

なめられるかもしれないと不安になっていた私にとって、Rさんの反応は意外なものでした。

「もちろんですよ！　確かに小串さんと自分とではタイプが違うし、価値観も合わないですけど、だからこそ、お互いの足りない部分をフォローし合ってやっていきましょう！」と笑って言ってくれたのです。

頼ることは恥ずべきことではない

そのとき、ハッとしました。

結局、私は、部下との信頼関係を築くことよりも、仕事の成果を上げることよりも、見栄を張ってまで自分のプライドを守ろうとしていたのです。自分が思っているほど、周りは自分のことを上だ下だとランクづけなどしていないのに、素直になれず、自分をよく見せようとばかり考えていた自分を、ちっぽけだなと本当に恥ずかしくなりました。

もちろん、むやみやたらに弱みを見せたり、部下を頼り過ぎるのはよくありませんが、上司とて完璧な人間ではありません。ミスもしますし、失敗すれば人並みに落ち込みますし、得意な仕事もあれば苦手な業務もあります。辛いこともあれば、キャパオーバーになってしまう時期だってあるでしょう。

私の前で、過去に1度だけ、直属の上司が弱音を吐いたことがありました。

普段は陽気なキャラクターのその上司が、部下である私の前で、病気ではないかと心配になるほど落ち込んでいたのです。悩み相談をすればいつもポジティブな捉え方を教えてくれ、毎日のように夢やビジョンを語り、オフィスを活気づけてくれていたその上司が、ネガティブになっているところを、私はそのとき初めて見ました。

弱音を吐かれたこのとき、私がどう思ったかというと、「上司のくせに情けない」でも、「しっかりしてくれよ」でももちろんなく、「この人の力になりたい」と純粋に強く思いました。

いつも助けてくれる人が困っているのであれば、自分にできることがあるなら、何かしてあげたい、助けてあげたいと思ったのです。

例えば、毎回毎回新しいプロジェクトに取り組む度に、上司から弱音や愚痴を聞かされていたとしたら、さすがに「勘弁してよ」と思うのでしょうが、常日頃から一生懸命仕事をする上司を見ていた部下ならば、ちょっとくらい上司が弱音を吐いたって、リスペクトはなくなりません。

第7章　人は動かせる

1　守破離

教えを忠実に守る

守破離とは、剣道や茶道などの武道や芸能などの世界で使われる、修行を積む過程での順序を示したものです。

・「守」……師匠の教えを忠実に守り、自分のものにしていく段階
・「破」……師匠の教えだけでなく、他の教えも学び、自分に合ったものやよいと思われるものを取り入れる段階。
・「離」……師匠のもとを離れ、独自の境地を切り開いていく段階

何かを習得する際、まずはその道の成功者の教えを忠実に守り、確実に身につけるというステップからスタートし、少しずつ新しものを取り入れながら、自分に合ったスタイルを確立させていきます。

この守破離は、武道や芸能の世界だけに通用する考え方ではありません。

例えば、私がバドミントンを本格的に始めた頃、ラケットの持ち方やシャトルの打ち方すらわからなかったので、当時、市のバドミントンクラブに所属していた父に、基礎基本を教えてもらいました（守：父である師匠の教えを忠実に守る段階）。

ある程度の基本的な打ち方や試合運びについて教わった後、次に、バドミントンクラブに所属する他のメンバーや部活の顧問や先輩方から指導を受けるようになりました（破：他の教えも学び、取り入れる段階）。

そして、最終的には、自分の得意な攻撃パターンをより強化するための練習や、苦手を克服するための練習など、独自の練習メニューをつくり出し、実行していました（離：自分流のやり方をみつける段階）。

例えば、ダイエットを始めるときに、闇雲に食べる量を制限するという方法はとても危険です。栄養失調になってしまったり、変な痩せ方をしてしまう可能性が高いからです。また、我慢して食事制限をすると、後でリバウンドしてしまうケースも多いです。

いきなり自己流で、自分の知っている知識だけで自己流のダイエットを始めるのではなく、インターネットや本などでダイエット成功者のやり方をパクるほうがよほど安全ですし、効果を実感しやすいはずです。

私は、現在お世話になっているジムのトレーナーさんに、食事や運動については都度アドバイスをもらうようにしています（守：師匠の教えを守る）。ジムに通い始めてから最初の半年ほどは、トレーナーさんの教えを忠実に守り、ある程度体が軽くなってきた頃から、今度は自分でインスタやＴｗｉｔｔｅｒ等でいろいろなダイエット方法を調べ、いくつかをピックアップし試し始めます（破：他のダイエット方法も学ぶ）。

ちなみに、私の中で一番効果が高かったのは、田中みな実さんが実践している「お肉は一切食べないけど、魚とお米は量を気にせず食べる」という方法でした。

現在では、トレーナーさんに教えていただいた基本的な筋トレに、これまで試した数々のダイエット方法の中で私の生活スタイルに合った、効果の出やすい方法を組み合わせた「私流の体のつくり方」を毎日実践しています（離：自分流の方法を確立させる）。

マネジメントを習得する際にも、この守破離を意識し、まずは騙されたと思って、本書に書いてある内容をそのまま実践してみてください。

赤ん坊のように純粋に

知合いの経営者の方からこんなお話を聞いたことがあります。

経営の神様と呼ばれた松下幸之助さんをはじめ、数々の有名人の指導者としても名高い中村天風さんは、当時は不治の病といわれていた結核に罹り、そこで落ち込んでしまった心を立て直す目的で世界中を旅します。

そこで出会ったのが、当時ヨガの世界最高レベルにいた哲学者のカリアッパ先生です。彼の住んでいるインドの山奥までついて行って、心の立直し方を学ぼうとしたのですが、村に到着してから何日経ってもカリアッパ先生は天風さんに何も教えてくれません。

業を煮やした天風さんが、「いつになったら心の立直し方を教えてくれるのですか！」と詰め寄ると、カリアッパ先生は、天風さんに水瓶に水を一杯に汲んで持ってくるようにと言います。天風さんが言われたとおりに水を汲んでくると、カリアッパ先生が天風さんに聞きます。

「この水瓶にお湯を入れたらどうなる？」

天風さんは、笑いながら、「水が溢れ落ちます」と答えます。すると、カリアッパ先生は、「今のお前の頭の中は、この水瓶と全く同じだ。余計なモノが頭の中にたくさん入っている。だから、私がどんなに大切なことを教えても溢れ落ちてしまう。私は、初日から心の立直し方を教えるつもりでいるよ、ただあなたのほうに教わる準備ができていない。頭の中が空っぽになっていない。頭の中で、いろいろと自分の考えを持っている。だから今まで教えなかったんだよ」と言いました。

それを聞いて天風さんは、それまで自分の心が本当に純粋に学ぼうとしていないことに、ハッと気づいて改心します。

その改心した表情を見たカリアッパ先生は、「ようやくわかったようだね。それじゃ明日から来なさい、教えてあげるから。明日から生まれたての赤ん坊のような気持ちで来るんだよ」と言いました。

私は、１年に数回程度、マネジメントの勉強会やセミナーを行っているのですが、そこでお伝えしたマネジメント方法を実行していない方がたまにいらっしゃいます。「自分が若い頃はこうだった」「私の上司はこうしていた」等、ご自身の考えで水瓶の中が一杯で、新しい考え方が零れ落ちてしまっているのです。

アドバイスがほしいと学びに来てくださる方の中には、前回も前々回も同じような質問をされる方がいらっしゃいますが、そういった人に限って、「前回私がお伝えしたことは実行されましたか？」と聞くと、やっていないのです。

本書には、20代を中心に人材育成を行ってきた私のノウハウがたくさん詰まっています。この話に登場する中村天風さんのように、まるで生まれたての赤ん坊のように純粋に読み、純粋に実践できるかどうかで、1年後が大きく変わってくるのではないかと思います。

2　熱意を込める

体の芯を温める

私は、末端冷え性なので、冬はカイロが手放せません。手首足首用のウォーマーも常につけて外出しますが、それでも10分も外を歩ければ指の感覚がなくなり始めます。毎晩湯船につかっても、夜ベッドに入る頃には足先が冷えきってしまいます。

いくらカイロで手を温めても、靴下を何重にしてはいても、体の芯が冷えていると、結局すぐに寒くなってしまうのです。

人材育成を行っている方の中には、部下の体の表面を一生懸命に擦って温めようとしている方がいます。アクノリッジ方法や叱り方などの小手先のテクニックだけで部下を育成しようとしているのです。

しかし、それでは一時的に温められたとしても、擦るのを止めてしまうとすぐに冷めてしまいます。

表面だけを温めるのではなく、体の芯から温めることが非常に重要なのです。

「熱」を伝える

リーダーに求められる資質の１つ、それがお題にある「熱意」です。

日当たりのよい場所にずっと立っていると、どんどん熱が体に吸収されて、やがて体の芯から温かくなってくるように、熱量のある人の側にいると、その熱がじわじわ伝わってきて、やがて自分自身に熱がこもってきます。

体の芯から温かくなると、近くに熱がなくても体は冷めません。

経営の神様とまで呼ばれたパナソニック創業者の松下幸之助さんは、経営者たる者の資質を語るとき、次のように仰っています。

「経営者は、スキルや能力などは会社の社員よりも劣っていても構わない、ただ、熱意だけは一番でなくてはならない。会社を引っ張っていくトップである経営者は、熱意だけは誰にも負けてはならない」。

私の会社で人材育成を任されているリーダーの中には、経験値が浅く、マネジメントが下手くそなリーダーもいれば、長年私のもとでマネジメントを学び、知識量だけでいえばほぼ私と変わらないリーダーもいるのですが、面白いことにマネジメントがうまくても部下が育たないチームもあれば、マネジメントが下手くそなのに部下が勝手に育っていくチームもあります。

その違いが、この「熱意」です。

どれだけ口が達者で、巧みに相手をマネジメントできても、それはその場限りのもので、数日もすれば部下は冷めてしまいます。

逆に、説明が下手くそで、支離滅裂な伝え方しかできていなくても、何事も一生懸命伝えようとしているリーダーの下には人が残ります。熱が相手に伝わるからです。

少し前のランキングにはなりますが、毎年産業能率大学が発表する「理想の上司」ランキングで、2015年、2016年、2017年と元テニスプレーヤーの松岡修造さんが3年連続で首位を獲得しました。

彼が理想の上司に選ばれた理由として、「厳しいが熱意や愛のある指導をしてくれそう」「熱心に向き合ってくれそう」「やる気を引き出してくれそう」といった感想が多く寄せられたそうです。

松岡修造さんは、熱血漢として知られ、その熱いキャラクターは多くの人々に愛されており、日めくりカレンダーも大ヒットを記録しています。

彼の言葉が人々の心に届くのは、まさに熱伝導のように彼の〝熱〟が聞いている人々に伝わるからでしょう。

心に響くのは「言葉」よりも「熱」

アーティストのライブでは、その時その瞬間の感情や歌詞に込められた思いをものすごく言葉に込めて歌われていて、音程がズレたり、リズムがぐちゃぐちゃになっていたりすることがありますが、音程を外さず、リズムどおりにきれいに歌っているＣＤで聴くよりも、何倍も何百倍も心に響くのは、相手の「熱」が伝わるからだと思います。

私は、国語力があまり高くありません。本書を読んですでにおわかりの方もいらっしゃると思いますが、稚拙な文章がとても多かったと思います。

難しい言葉は使えません（知りません）し、もっと適切な言い回しができたであろう文章もたくさんあることと思います。よく社内でのミーティングでもお題をいただき、お話させていただく機会も多いのですが、やはり他のプレゼンターの方々に比べるといつも幼稚な感じになってしまいます。

それでも、上手く伝えようと思うのではなく、自分が今もっている知識をとにかく最大限に使い、伝えたい内容を私なりに一生懸命、真剣に伝えると、「きょうのミーティング、とてもよかったです」「心にグサッと刺さりました」とスタッフが嬉しそうに声をかけてくれます。

部下に一番伝わるのは、言葉の内容ではなく、「熱」です。

上手く伝えようとして、ありきたりな言葉を並べているよりも、「伝えたい！」という想いを言葉に乗せて話すほうがよほど相手に伝わります。

3　継続は力なり

一番の敵は「継続」

イチローは、高校時代、部活以外の時間に1日10分必ず素振りをすると決め、365日どんなときも、何があろうと、必ず実行していたそうです。

この話を聞いて、たった10分なら自分でもできそうだと思えそうなものですが、これを「365日休むことなく毎日続ける」ためには、かなり強い意思が必要です。

ダイエット企画のテレビ番組などでは「1日たった5分」「1日たった10回」など、簡単に誰でも継続できそうなストレッチや運動が度々紹介されていますが、そのたった5分ですら、たった10回ですら、「きょうは疲れてるから」「きょうは飲み会があって帰りが遅かったから」「いつも頑張ってるからきょうくらいは」等と言い訳をして、途中から少しずつ手を抜き始め、段々とやらなくなっていく人が多いのではないでしょうか?

ダイエットをすること自体は難しいことではないのです。実際に成功している人もたくさんいます。お金がなくても、自分の身1つでできる運動やストレッチは数多くあります。しかし、〝毎日続けること〟が難しいのです。1週間であれば耐えられそうな食事制限も、1か月も我慢しようとするとどこかで限界がきてしまい、やけ食いやけ酒に走ってしまいます。

初めこそ、「痩せてやるぞ！」とやる気に満ちているので、筋トレもストレッチも毎日頑張れるのですが、それが段々と億劫になってきて、やがて、「毎日じゃなくても1日おきでいっか」「３日に1回でいっか」と回数が減っていき、気づいたときにはもうダイエットは終わっているのです。

大切なのは、コツコツ継続できる力です。

毎日たった5分でも腹筋を続けていれば、おそらく1年後には体の筋肉量が増え、新陳代謝が上がり、痩せやすい体に近づいているはずです。食事制限も併せて行っていた場合であれば、腹筋のラインがきれいに見えるくらいにまで体が変化しているかもしれません。

毎日たった3個ずつでも英単語を覚えていけば、1年で何と１０９５個も覚えることができます。

一朝一夕で手に入れられない

私は、今の世の中はインスタントな風潮があると感じています。

飲むだけで痩せるサプリ、着るだけでスタイルがよくなる下着や聞いているだけで英語が話せるようになる教材など、素早く、楽チンに、簡単に、今すぐ手に入るものが好まれます。

しかし、本当にサプリを飲んだだけで、それまでの食生活を一切変えずに痩せられた方はいらっしゃるのでしょうか？　本当にただ流れてくる英語を聞いているだけで、気がついたときには流暢に英語が話せるようになるのでしょうか？

私は、人生で一番太っていた時期から10キロ近く痩せましたが、ジムに通って定期的に運動をし、徹底的に食生活を見直す生活を3年以上続けて、やっと最近になって体質が少しずつ変わってきたのです。それが、我慢もせず、好きなものばかり食べて、運動もろくにせずにサプリを飲んでいるだけで、勝手に痩せていくとは、申し訳ないのですが、経験上どうしても信じられません。

また、私は、交換留学で1年間アメリカ、ワーホリで1年間カナダに住んでいましたが、日常会話程度の英語は話せても、ネイティブのような会話はできるようになりませんでした。そのため、聞いているだけで英語が話せるほど、語学の習得は楽ではないと個人的には思っています。

たくさんの大記録を残したイチロー選手は、「小さな積重ねの連続でしか遠くに辿り着くことはできない」と明言しています。

彼のストイックさは有名で、他のどの選手よりも早く球場に入り、何と試合開始の5〜6時間前から毎回入念なストレッチを始め、身体を十分にほぐしてから、チームの全体練習に参加するのだそうです。

また、毎試合終わる度に、自分のグローブの汚れを拭き取り、専用のオイルを塗り直します。使ったバットも同じ手入れを毎試合ごとにやるのです。

そして家に帰ると、必ず7時間の睡眠を取ります。

その他にも、朝ご飯でカレーを食べるとパフォーマンスが上がるという情報を聞くと、何と8年半の間、毎朝カレーライスを食べていたのだそうです。そして、ある朝、いつものように奥さんがカレーライスをよそい、イチローの前にカレーライスを出すと、「少しご飯の量が多い」と言って炊飯器のところに行き、スプーン1杯分のご飯を戻したのだそうです。普通の人からすれば、スプーン1杯分のご飯くらい構わないじゃないかと思いますが、イチローからすると、それできょうの野球のパフォーマンスに影響が出ると思っていたそうです。

このような積重ねを何年も何年も何年も積み重ねて、野球界の伝説と呼ばれる遠いところまで来れたのです。

ちょっとやってみて、すぐ結果が手に入るほど、甘くはありません。

簡単に手に入ったものは、簡単に離れていきます。

炭水化物抜きダイエットをすれば、すぐに効果が現れやすいですが、元の食事に戻すとともたんに体型も元に戻ります。徹夜で勉強して覚えた内容は、テストが終わった瞬間に頭から抜けていきます。

目に見えないだけで確実に蓄積されている

何かを確実に得たいのならば、ある程度の期間「継続」をしなければなりません。

例えば、毎日食後にデザートでアイスクリームを食べても、数日では目に見える変化は体に現れません。たった1日、２日食後にアイスを食べたところで、急激には太らないからです。しかし、毎日食べ続けていたら、目には見えないところで確実に「脂肪」が蓄積されています。１か月も継続してアイスを食べ続けていれば、目に見えて体が変化してくるでしょう。

毎日のランチに低脂質・低糖質なものを意識して食べていても、数日で一気に体が変化することはありません。1日、2日食事を意識したところで、体質は変わらないからです。しかし、毎日続けていれば、やがて目に見える結果が現れるでしょう。

本書に書いてあることを1度や2度試したところで、大きな変化は起きません。目に見える結果がきょう明日で現れることもありません。

「これ、本当にやっていて意味があるんだろうか？」と結果が見えない焦りから、途中でやめてしまう人がいますが、目に見える結果を得るまでには、ある程度時間がかかることを覚悟し、「継続」してください。

毎日続けることで、確実に部下の中に何かが蓄積されていきます。

あとがき

最後までお読みいただき、ありがとうございました。

マネジメントは、簡単ではありません。

部下のためを思って行動したことが部下を逆に傷つけてしまうこともあれば、一生懸命に接しているつもりでも、部下からは「面倒くさい上司だ」と思われてしまうこともあります。

こう言えば部下は必ずこうなるという魔法の言葉もなければ、このマネジメント方法を実施すれば必ず人はこう変化する等、マネジメントにおいて〝絶対〟はなく、様々あるマネジメント方法の組合せ方や伝えるべきタイミングや伝えるときの言葉は、相手によって変えていく必要があります。

つまり、10人いれば10とおりの育成方法があるということです。

人材育成に携わっている方の中には、思いどおりに育成が進まず悩んでいたり、部下への接し方を間違えてしまって関係性が悪くなってしまったり、ジェネレーションギャップに苦しんでいる方も多くいらっしゃるかと思います。

本書に盛り込んだ、私が自身の経験から学んだマネジメント方法や、これまでの成功体験や数々の失敗談をぜひ今後に活かしていただき、現在、部下の育成に悩んでいるあなたにとって、何か1つでもお役に立てることができたなら、問題解決のヒントや糸口を見つける手助けができたなら、とても嬉しく思います。

最後に、もう1つだけお話したいことがあります。

私には、2度と同じ思いをしたくない、他の誰にも同じ思いをしてほしくないと、強く悔しい思いを抱いた出来事がありました。それが、本書を書こうと私の背中を押してくれたきっかけの1つだったのですが、その人を仮にHさん（男性）とします。

私がHさんと初めてお会いしたのは、Hさんが私の会社に面接のため来社したときでした。

Hさんの第一印象は、「暗くて卑屈そう」。声は小さくぼそぼそと話すので、聞き取りづらいですし、表情の変化があまりなく、「嬉しいです」「楽しいです」という彼は、やはり無表情で、本当のところ何を考えているのか全くわかりませんでした。おまけに口数も少なく、質問をしても、「はい」とか「そうですね」くらいしか言葉が返ってこないので、とにかく話が続かない！

それでも「やる気はあります」と言うので、その言葉を信じ、私は彼を採用することにしました。

仕事の覚えはよいほうではなく、同期に比べてスピード感はなかったものの、真面目でコツコツ努力できるHさんは確実に力をつけていき、半年で1つステージを上げてきました。

そのタイミングで、私はHさんと飲みに行きました。
・なぜうちに応募してきてくれたのか？
・ここまで感情が表情に出ない理由は何なのか？
・どんなことに喜びを感じるのか？

・イライラしたりしないのか？（入社して半年、怒ったところを見たことがなかったため）
・彼のルーツは何なのか？

単純にHさんのことをいろいろ知りたいと思った私は、仕事終わりに、オフィスから徒歩5分ほどのところにある、路地裏の小さなイタリアンレストランへHさんを連れて行きました。

ワインで乾杯し、「さぁ何から話そうか」と考えていると、Hさんのほうから話をしてくれました。どんな話から始まったのかは覚えていませんが、お酒が入ると、驚くほど喋るHさん（笑）。もう、本当にずーっと話していて、マシンガントークが止まらない（笑）。まず、このギャップに驚いたのをよく覚えています。

うちに入社したいと思った理由、面接のときに感じていたこと、前職の話、学生時代の話、元カノの話、過去の嬉しかったこと、悲しかったこと、イラっとしたこと等、いろんなエピソードを話してくれました。

お店を出る頃には日付は変わっており、2人してでろんでろんになりながらタクシーに乗ったままでは覚えていますが、その後の記憶はありません。※お持ち帰りはしてません（笑）。

楽しい夜でした。

私は、この日、確信したのです。

自分のことよりも他人の幸せを心から願うことができ、人をサポートすることにやりがいを感じ、苦を感じることなく地味な努力をコツコツ継続できる彼なら、いずれ100人規模の組織のトップになれると。

きちんと進むべき道を示してあげることができたなら、彼はものすごく伸びるぞと、冗談抜きでそう思ったのです。

しかし、Hさんは、入社から1年経った頃、会社を辞めていきました。

その原因が、まさに「マネジメント」だったのです。正しく導けなかったのです。

何というか、もう、悔しくて悔しくて。

どうしてもっと目を光らせておかなかったんだろう？　もっと自分に実力があったら…と、何度も悔いました。当時、海外拠点の立上げで完全に頭が一杯いっぱいだった自分のキャパの小ささに腹を立てました。

私のせいで、高いポテンシャルのあった人がフリーターの世界に戻っていくのです。やりようのない気持ちと、自分を責める日々が続いたある日の飲み会で、今回の出版の話をいただきました。

所属する組織のリーダーや配属された先の上司によって、部下がどのくらい成長できるか、どういったスピード感で成長できるかは、大きく変わってきます。

同じ会社の同じ部署に配属されたとしても、直属の上司の教育方針や育成能力の差によって、順調に昇格していく部下もいれば、何年経っても入社当時と同じような業務をこなしている部下もいるでしょう。育てる側のマネジメントスキルによって、数年後には、これほど結果に大きな差が出るのです。

正しくマネジメントを行うことによって、Hさんのような人が1人でも減り、伸びるべき人が正しく成長していくことの手助けがわずかでもできたらと思っています。

最後に、世間知らずなフリーターだった私を一社会人として恥じないようここまで育ててくださった恩師、これまで私についてきてくれたスタッフの皆、愛情たっぷりに育ててくれた両親、そして、私を陰ながら支え続けてくれたパートナーには、心から感謝いたします。

また、今回の出版実現に向けて、ご支援くださった皆様にも、心より感謝申し上げます。

小串　かおり

著者略歴

小串　かおり（おぐし　かおり）

株式会社あかツキ代表取締役。

1991年生まれ。愛知県豊明市出身。外国語専門学校卒。

卒業後は、夢が見つからず迷走し、フリーターになる。ワーキングホリデーでカナダへ行くも、遊び惚けてしまい、特に収穫はなく帰国。2か月ほどニートをした後、再び夢探しのため24歳で上京。未経験ＯＫの仕事を探し、唯一合格をもらえた営業代行の会社で実力をつけ、2017年5月に独立した。

会社経営の傍ら、人材育成やマネジメントについての研修を実施している。

20代経営者が書いた20代の部下をもったとき読む本

2020年7月16日　初版発行

著　者　小串　かおり　© Kaori Ogushi
発行人　森　　忠順
発行所　株式会社 セルバ出版
〒113-0034
東京都文京区湯島1丁目12番6号 高関ビル5B
☎03（5812）1178　　FAX 03（5812）1188
http://www.seluba.co.jp/
発　売　株式会社 創英社／三省堂書店
〒101-0051
東京都千代田区神田神保町1丁目1番地
☎03（3291）2295　　FAX 03（3292）7687

印刷・製本　モリモト印刷株式会社

Printed in JAPAN
ISBN978-4-86367-592-6